中華文化思想叢書

中西古代歷史、史學與理論比較研究

上冊

劉家和　著

目次

第一編
古代中國與西方的歷史比較研究

引言

　　約在西元前第三千紀（或作千年代）的最後一個世紀裡，在西方出現了克里特文明，在中國則出現了夏王朝。約在西元前十七世紀，在西方邁錫尼文明興起，並最終取代了克里特文明，在中國則商王朝取了代夏王朝。約在西元前十一世紀，西方的邁錫尼文明滅亡，落後的多利亞部落把上古希臘史帶進到了「荷馬時代」，在荷馬史詩中既往的歷史已成斷煙殘夢，文明無可奈何地中斷了。而約在同時，中國的周王朝取代殷商王朝，周原來也是落後於殷商的「小邦」，可是卻在中國歷史上建立了第一個高度發達的禮樂文明，形成所謂的「赫赫宗周」。孔子曾懷著高度讚賞的心情說「周監於二代（夏商），鬱鬱乎文哉，吾從周。」這就是說，周並非是簡單地抹殺夏商文明，而是以它們為鑑，有所損益揚棄，因此文明不僅沒有斷裂，而且益發飛躍發展。

　　在上述中西文明的曙光初現時期裡，雙方都存在著小邦林立的狀態，這是從部落或部落聯盟演化而來的自然結果。在這些小邦之上還出現了更高一層的虛實程度不同的政治結構：在西方，如克諾索思之於克里特文明時期，邁錫尼之於邁錫尼文明時期，皆曾一時成為霸主。在中國，夏時號稱有「萬國」（或「萬邦」），不過夏王朝的君主既是本邦（王畿之內）的君主，又是夏王朝的「天子」，據稱他受天命而君臨天下萬邦，而其他所有小邦君主都稱為諸侯，名義上為天子

之臣。儘管這種天子與諸侯的關係，在事實上是由相互之間實力消長
的具體情況而定的，可是它在觀念上明確了統一國家的預設。商推翻
夏並取而代之，天子換了，統一的天下未變，周推翻商並取而代之，
天子又換了，而統一的天下仍然未變，或者說王朝變了，而統一不
變。在此我們可以看到，中國文明歷史從其開端處就具有了常與變的
統一趨向。其實，不僅統一未變，而且隨著處在進入文明的諸邦之間
或其邊緣的落後族群的文明化，三代文明所統一的地域不斷有所發展
中。在這樣一個作為統一體的王朝的前後遞嬗中，夏商周三代之間必
然形成為前後繼承的關係；每一個後代都必須承認前代在歷史上的天
子的地位，否則它自身就將失去其歷史的合法性。這樣也就確認了歷
史的連續性。

　　如果說三代的遞嬗顯示了既斷代又貫通的變與常統一的連續發展
過程的古代第一階段，那麼從春秋戰國的紛爭割據到秦漢的一統國
家，則又是既與三代同源又與三代異質的新階段。

　　春秋戰國時期，一方面是三代舊的一統體系（封建制一統體系）
的凋零及其反映出的「禮壞樂崩」或分崩離析的狀態，另一方面則是
後三代的新的一統體系（郡縣制體系）的形成過程。一方面充滿戰爭
與破壞，另一方面又充滿活力與創新。那是一個對於三代的否定的階
段，是嚴格意義上的「揚棄」（AUFHEBEN）。希臘的古風時期與古
典時期，羅馬的共和國的「王政時期」與共和國前期，在時間上（西
元前8至3世紀末）大體是與中國的春秋戰國時期重合的。不過，此時
期的希臘始終未能跨過城邦體系的門檻，而馬其頓亞歷山大的短暫帝
國，也未能實現真正的「統一」，充其量就是在一個城邦間的霸主而
已。至於羅馬，它曾經備受它邦的侵略與蹂躪，終於逐步強盛起來，
成了義大利各邦的盟主（承認同盟邦的內部自治權利），而且在西地
中海地區開始樹立霸權。希臘、馬其頓亞歷山大帝國與羅馬共和國，

雖然在時間上有前後之相續、甚至某些重疊，但是在文明上卻不能說成同一有機體的連續發展，而只能是斷裂。

秦漢的一統是春秋戰國「禮壞樂崩」的歷史結果，也是三代一統體系的否定之否定。在中國，秦始皇第一次建立了郡縣制的統一帝國，但是國祚短促。漢朝再次建立統一帝國，並先後基本延續了四百年，從此在中國奠定了文明連續性與統一性的基礎。漢初統治者以為秦之早亡乃其斷然拒絕封建、從而孤立無援之結果，於是在一定程度上恢復了封建。從此，封建在郡縣體制下，歷經許多朝代，時起時落，但終歸於日趨式微，未能打破中國文明的統一，也保持了其歷史連續性。

羅馬共和國後期與帝國時期（尤其是其前期），在時間段落上與秦、漢大體相合，在大帝國的建立、其規模以及經濟、文化發展程度上也旗鼓相當。可是一作具體分析，便可看出羅馬帝國的中央政權機構與行省和秦漢的中央與郡縣又是何等地不同。

以上一切，均須作具體論述。以下的綜述，可以為諸君了解兩方面的大致情況提供一個方便，而以下專論則提出一些在我們看來覺得比較重要的問題，作一番嘗試性的探討，或許能夠引起諸君關注與思考。

第一節　古代中國與西方的歷史概論

一　古代中國歷史概論

（一）夏商西周時期的中國古代早期國家

夏商西周時期是中國古代的早期國家時代，這一時期的歷史發展對中國文化的影響至深至遠。這一時期尤可注意的大事件是：1. 氏族

時代過渡至文明時代，早期國家形成；2. 蕞爾小邦周取代大邑商，確立政權，周人的典章文物奠定了華夏文化的基礎。這兩件大事均可謂早期歷史時期的重大轉型事件，然而，考察其內在變化，卻發現在變革當中蘊涵著延續。孔子說「殷因於夏禮，其所損益可知也；周因於殷禮，其所損益可知也」[1]，在孔子看來，夏商周的歷史交替，並不是翻天覆地的變化，而是繼承式的發展。由「損益」來概括這一時期的變化和延續，十分恰當。就社會結構和政權的組織形式來說，國家已然確立，它凌駕於過去的氏族組織之上，與氏族時代顯示出巨大差異。但是，氏族時代濃厚的血緣關係卻不僅未隨國家的產生而消亡，反而在新的社會環境中大量衍生，使得早期國家和氏族時期難以截然不同；就社會文化的發展來說，周人滅商，不再迷信商人天命恆長的觀念，表現出與殷商文化的顯著差別。但周人卻又承襲了商人的天命，經過加工改造，將商人的命定之天改造為道德之天，從此走上了以人心體察天意的道路，對中國歷史、華夏文明的發展產生了深遠的影響。因而，這一歷史時期確乎為歷史發展的裂變時期，但裂變並非歷史發展的斷裂，而是延續構成了另一發展主題。

1 由氏族向國家的轉變

中國古代的氏族時代濫觴於舊石器時代晚期，經過新石器時代到夏商時期有了比較充分的發展，至西周春秋時期社會上大量湧現宗族，氏族時代進入了新的發展階段。氏族時代在戰國時期臨近尾聲，隨著秦王政統一六國，標誌著氏族時代的終結。

有關氏族向國家的轉變，國內學者的研究多依照經典作家的有關論述展開。在《家庭、私有制和國家的起源》中，恩格斯闡述了由氏

1　《論語・為政》。

族社會進入國家的三種模式：第一，由氏族組織直接演變為國家，這一模式的典型體現為雅典；第二，通過部落征服進入國家階段，這一模式的典型體現是德意志；第三，由家長制家庭轉化進入國家，這一模式的典型體現是羅馬。恩格斯還說雅典國家是一般國家形成的一種非常典型的例子。恩格斯還指出，判斷國家產生主要有兩個標準：一是公共權力的設置，一是按地區劃分國民，即不依親屬集團而依共同居住地區為了公共目的來劃分人民[2]。在恩格斯看來，地域關係衝破血緣關係，從而替代血緣關係，是進入國家的標誌。國家產生之時，也就是氏族血緣鈕鏈瓦解之時。恩格斯的有關論述對中國的古史研究產生很大影響。然而，考察中國古代由氏族向國家轉變的過程，則發現中國古代在進入國家之時，卻有著不同於希臘、羅馬的獨特道路。其獨特性表現為在進入國家後，血緣鎖鏈並未被地域關係所替代，反而是拖著濃重的血緣關係進入國家，血緣家族在當時發揮著極為重大的作用，這在夏、商、周三代的歷史進程中都有清晰的體現。

　　夏商時期，社會的主要組織形式是氏族。氏族繼續作為社會上的基本生產單位而不斷壯大。甲骨卜辭裡面有不少關於商代氏族的記載，可以說離開氏族就無從探討商代的社會組織和社會面貌。周初分封時，曾以「殷民七族」封賞魯公[3]，表明這七族都是商王朝的主要勞動力。關於夏商時代氏族的基本情況，司馬遷曾經進行過綜述。《史記・夏本紀》記載：「禹為屬長姒姓，其後分封，用國為姓，故有夏后氏、有扈氏、斟尋氏、彤城氏、褒氏、費氏、杞氏、繒氏、辛氏、冥氏、斟戈氏。」《史記・殷本紀》記載：「契為子姓，其後分封，以國為姓，有殷氏、來氏、宋氏、空桐氏、稚氏、北殷氏、目夷

2　恩格斯：《家庭私有制和國家的起源》，《馬克思恩格斯選集》第4卷，人民出版社1995
　　年版，第166-167頁、第164頁。〔劉先生所用馬恩選集為1995年版，似應統一？〕
3　《左傳》定公四年。

氏。」值得注意的是，司馬遷對於夏、商王朝情況的概述如出一轍，可見在太史公的眼裡，夏商王朝的確十分類似，其最主要的類似之處在於夏、商王朝都擁有大量的氏族，還極少見到個體家庭的蹤影。

夏商時期氏族組織大量存在，但凌駕於族之上的王權已然確立。夏的歷史由於沒有同時代的文獻記載，長期以來只能停留在傳說階段。唯一探索夏文化的途徑，就是考古發掘，河南偃師二里頭遺址是探索夏文化的重點。根據「文明探源工程」的最新進展，二里頭遺址應視為夏代晚期遺址。在二里頭遺址中出現了大規模的宮殿基址，其特點是：全部建築物坐落在略呈方形的夯土臺基上，以一座高臺正殿為主，圍繞著正殿四面，展開廊廡式建築的布局，正殿前形成廣大的庭院。考古學者據此推斷，二里頭遺址應是一個大都會，考古學家鄒衡先生甚至認為這就是夏都。若其果為都市，則可見王權已經十分強大。

在商朝的國家政權中，王處於中心地位，強化王權始終是商王朝十分重要的事情，而神化王權，則是商人強化王權的重要體現。商王宣稱，他們都與上天直接交通，有通天的本領。甲骨文有商先祖是否賓配於帝的占卜，如「貞咸賓於帝。貞大甲不賓於帝。貞大甲賓於帝。貞下乙不賓於帝。貞下乙賓於帝。」[4]賓即儐配，是商人認為他們的王應賓配於帝，帝即天帝、上帝。能儐配於天帝，當然也是死後到天上去。商王們既然與天帝有這樣親密的關係，能上天，有通天的本領，是神的化身，那地上人間的一切事皆應受其統治。商王們所做的事，是執行天神的旨意，湯伐桀時，稱：「有夏多罪，天命殛之。……予畏上帝，不敢不征，……爾尚輔餘一人，致天之罰」[5]。

4　郭沫若主編：《甲骨文合集》，1402正，中華書局1982年版。

5　《尚書・湯誓》。

盤庚遷都時，也同樣打著上天的指令，「天其永我命於茲新邑」，「肆
（今）上帝將復我高祖之德，亂越我家」[6]，意為是上天下令要我們
遷到新的地方，上天將要恢復我祖上的功德，使商朝重新強大起來。

　　除了具有與神交通的本領，商王作為世俗之王，對國家擁有行
政、軍隊、司法等一切大權，從而使神化的王權在現實世界中有了具
體的體現。商王在國家行政方面的權力表現為：（1）對職官的任免
權。在商朝內的官吏，上自國王的輔佐大臣，下至一般官吏，都由商
王任免。輔佐湯建國的重臣伊尹，就是湯提拔起來的。對於方國部落
的君長，商王也有任免權，文丁時，任命周人首領為「牧師」，西周
甲骨文中有「冊周方伯」的記載，就是商王對周人首領的任命。但是
文丁又把周人首領季歷殺死，紂王也曾把周文王囚禁在羑里的牢中，
可見方國部落長的任免權也在商王手中；（2）對行政事務的處決權。
在甲骨文中，常見有「王令」某人或「王呼」某人去做某種事情的卜
辭，就是商王對國家行政事物發出的指令。如「王大令眾人曰：協
田，其受年。」[7]「大令」就是廣泛地命令，「眾人」是商代的農業生
產者，「協田」是協力耕種農田，這是商王直接干預生產活動；（3）
對臣僚的監察權。在甲骨文中有商王直接下令監察的卜辭，如「王其
呼監」[8]，「呼監」是商王下令進行監察之事。《尚書·盤庚》記載，
盤庚對「邦伯師長百執事之人」說「予其懋簡相爾，念敬我眾」，意
為我將要考察你們關心我的民眾的情況。

　　此外，商王對軍隊擁有最高統帥權、指揮權。這種權力首先表
現在商王是軍隊的組織者。卜辭云：丁酉貞，貞王作三師右、中、

6　《尚書·盤庚》。
7　郭沫若主編：《甲骨文合集》，1。
8　姚孝遂、肖丁主編：《小屯南地甲骨考釋》，中華書局1985年版，第779頁。

左[9]。師是商代軍隊的最高編制單位，意為商王建立了三個師的軍隊。卜辭云：今春王供人五千征土方[10]。於辛巳王徵召方[11]。表明商王直接指揮軍隊出征。

另外，商王擁有司法權和處決權。商王對臣民握有最高的司法權。《尚書・湯誓》記載湯對他的臣下說：「爾尚輔予一人，致天之罰，予其大賚爾，爾無不信，朕不食言。爾不從誓言，予則孥戮汝，罔有攸赦。」賚是賞賜，孥戮是降為奴隸或將之殺死。可見，湯的誓言，就是商朝的法律。在甲骨文中，常見有商王親自主持對臣民的用刑卜辭，如「乙酉卜，王，貞余辛朕老工」[12]余、朕是商王的自稱，辛是動詞，學者認為是黥面的黥刑；老工應是商朝的工匠。《合集》八二○七記載「貞惟王自虎陷皿」，虎是地名，陷是陷埋，即活埋，皿是人名，意為商王從虎地趕往活埋皿的地方。這是商王握有對臣民生殺之權的明證。

商代的王權十分強大，但是商代缺乏制度方面的規範與保障。至西周時期，情況發生了變化。

西周政權建立之時，社會當中仍然存在大量的血緣家族。並且周人建國時，進一步地利用了血緣紐帶，如《左傳》昭公二十八年記載：「昔武王克商，光有天下，其兄弟之國者十五人，姬姓之國者四十人，皆舉親也。」這個記載反映出周代的分封，尤重同姓，有血緣關係者占絕對優勢。在重視血緣關係的基礎上，周人建立起一套制度、規範，國家的發展由此可以在制度的層面上循序漸進，文化的發展積累也由此而進入到新的階段。關於西周國家政權的建立，王國維

9　郭沫若主編：《甲骨文合集》，33006。

10　郭沫若主編：《甲骨文合集》，6409。

11　郭沫若主編：《甲骨文合集》，6409。

12　郭沫若主編：《甲骨文合集》，20613。

曾說：「欲觀周之所以定天下，必自其制度始矣。周人制度之大異於商者，一曰立子立嫡之制，由是而生宗法及喪服之制，並由是而有封建子弟之制，君天子臣諸侯之制，二曰廟數之制，三曰同姓不婚之制，此數者，皆周之所以綱紀天下，其旨則在納上下於道德，而合天子諸侯卿大夫士庶民以成一道德之團體。」[13]在王國維看來，自周人起，始有國家制度方面的規範，周人從此有典章文物可據，這是周人大異於商人之處，有了制度方面的保證，周之文化粲然可備，對華夏文化的發展帶來深遠影響。

西周國家制度的建立，最重要的是分封制和宗法制。《荀子‧儒效》篇說「（周公）立七十一國，姬姓獨居五十三人」。周初所分封的主要諸侯國有衛、齊、魯、宋、晉、燕等。諸侯國對王室需盡義務，如按期納貢朝覲、出兵助王征伐，救濟王畿內的災患。分封的目的是拱衛周王室，共同抵禦外侮，正所謂「周之有懿德也，猶曰：莫如兄弟，故封建之。其懷柔天下也，猶懼有外侮。捍禦侮者，莫如親親，故以親屏周」[14]，因此，周人的分封、封建是「封諸侯建藩衛」的政治措施。

與分封息息相關的是宗法制。宗法制可以簡單地理解為宗廟之法，與血緣有關。宗法制嚴嫡庶長幼之制，區別大宗、小宗地位。在宗法制度支配下，宗子有保護和幫助宗族成員的責任，而宗族成員有支持和聽命於宗子的義務。惟其如此，大宗和宗子對宗族組織起著支柱的作用，所以《詩經‧大雅‧板》說「大邦維屏，大宗維翰，懷德維寧，宗子維城。無俾城壞，無獨斯畏」，而小宗對大宗起著輔助的作用，正如《左傳》襄公十四年所說「是故天子有公，諸侯有卿，大

---

13 王國維：《殷周制度論》，《觀堂集林》卷十，中華書局1959年版。

14 《左傳》僖公二十四年。

夫有貳宗,士有朋友……以相輔佐也」,《左傳》桓公二年所記「故天子建國,諸侯立家,卿置側室,大夫有貳宗,士有隸子弟。庶人、工、商,各有分親,皆有等衰。是以民服事其上,而下無覬覦」。依照宗法關係,周王「惠於宗公」,「刑於寡妻,至於兄弟,以禦於家邦」[15],而眾小宗則服從和拱衛王室、公室,成為大宗的屏障,在這裡,血緣關係不是被廢除,而是巧妙地用來維持政治上的安定。

西周、春秋間貴族的統治,就是以周天子為首的姬姓貴族為主,聯合其他異姓貴族的統治。周天子分封同姓諸侯的時候,又封異姓諸侯,諸侯也封同姓和異姓卿大夫,由於實行同姓不婚制、貴族等級內婚制,異姓貴族都成為姬姓貴族的姻親,周天子稱同姓諸侯為伯父、叔父,稱異姓諸侯為伯舅、叔舅,諸侯也稱異姓卿大夫為舅。周天子與諸侯,諸侯與卿大夫,固然有著政治上的組織關係,同時也存在著宗法和姻親的關係,以加強彼此之間的團結和聯合。當時貴族為了加強內部團結和統治人民的力量,依據舊有習慣,加以改變和發展,制定了許多禮,用來維護宗法制度和君權、族權、夫權、神權。策命禮、覲禮、即位禮、聘禮等都是為了維護君權,加強貴族之間政治上的組織關係的。

綜合上述,夏商周時期,氏族時代解體,歷史進入早期國家時代。由氏族進入國家,是歷史進程中的大變革,但就中國的早期國家來說,由於血緣關係的大量存在,使得氏族時代的特徵不能完全消失,早期國家與氏族社會仍然有著千絲萬縷的聯繫。但是,商人王權的確立以及周之制度的建立,又使得早期國家與氏族社會迥然有異。因此,舊的與新的並存,新的借助於舊的獲得更高程度的發展,是這一歷史時期的特徵之一。

---

15 《詩經・大雅・思齊》。

2 中國早期國家特徵

　　中國早期國家的特徵可以從如下幾個方面來概括：1，從社會組織方面來說，家族組織大量存在，構成了社會的基本組成單位；2，從國家形式方面來說，國家具有家長制家庭的色彩；3，從社會文化觀念方面來說，道德意識起源甚早。就這一方面來說，主要表現為周人的天命觀念、憂患意識、敬的意識、德的意識的產生。《禮記·表記》說「殷人尊神，率民以事神，先鬼而後禮……周人尊禮尚施，事鬼敬神而遠之」，這句話非常典型地說明了殷周文化觀念的區別，可說殷周之間存在裂變。然而，從另一個角度看，文化的承繼性又同樣十分突出。周人「德」（需要說明的是，這裡的「德」尚未發展至「內修諸己，外得於人」的境地）的意識並非陡然發生，其以「德」體察天命的方式也並非獨立創造，殷人已具備了初步的德的意識，他們對天命的思考予周人以影響。周人是在對殷商文化改造的基礎上，在更高的層次上發展了自己的文化。顯而易見，殷周文化之間，既有斷裂，又有繼承。

　　早期國家產生之際，社會生產力還十分低下，商品經濟極不發達，社會內部階級分化並不明顯，血緣紐鏈並沒有被打破，因此，血緣關係的濃厚、血緣紐帶的長期存在，氏族或宗族在社會中長期發揮作用，便構成了中國早期國家的顯著特徵。這種狀況在兩周時期仍有極其明顯的體現。

　　按照馬、恩的論述，氏族制度的前提是一個氏族或部落的成員共同生活在純粹由他們居住的同一地區中。對西周來說，這一前提在國中確實開始被破壞了，因為此時國中的居民已不限於周族一支。最典型的例證如伯禽封魯，同時分封有「殷民六族，條氏、徐氏、蕭氏、索氏、長勺氏、尾勺氏，使帥其宗氏，輯其分族，將其類醜，以法則

周公」[16]。同時，為了符合國家政權的需要，西周國中還有里的劃分，周初銅器《令彝》記「唯十月月吉癸未，明公朝至於成周，告令，舍三事令及卿事僚：及諸尹、及里君、及百工」。這是劃分里的較早記錄，里是一個地域概念，所以周之建國置里本身就表明政治和地緣關係已經出現，並開始在國人的社會生活中發揮作用。

但是，血緣關係大量存留，周代的分封，尤重同姓，有血緣關係者占絕對優勢。周人曾說「周之宗盟，異姓為後」[17]。在周人建國之時，血緣關係不是被廢除，而是巧妙地用來維持政治上的安定。顯而易見，西周王室、公室雖已有國家政權性質，但卻是從周族的氏族機構中脫胎而來，並儘量利用其舊的形式。所以，血緣關係不僅沒有被政治關係所取代，反而和政治關係相並存。

西周春秋時期，家族構成了社會的基本單位。族是基本的軍事組織，《明公簋》謂「王令明公遣三族伐東國」，《班簋》記載「以乃族從父征」，《毛公鼎》講到王命毛公「以乃族干吾王身」，這裡的族就是指以毛伯班和毛公厝為家長的大家族。可見，「族」對於周王朝的穩固具有重要作用。其次，族是基本的農業生產組織。卜辭記載，殷人的勞動就是集體進行的。常被引用的卜辭如「王大令眾人曰協田」等，便是不可移易的證據，而這種從事集體勞動的人，據張政烺先生考證，就是族長率領下的族眾。有周時期的農業勞動仍然是以家族為單位進行的。《詩經・載芟》記載：「載芟載柞，其耕澤澤，千耦其耘，徂隰徂畛，侯主侯伯，侯亞侯旅，侯彊侯以」，毛傳曰：「主，家長也；伯，長子也；亞，仲叔也；旅，子弟也；彊，強力也；以，用也。」由《載芟》的記載看來，西周的農業勞動是在家長的領導下，

---

16 《左傳》定公四年。
17 《左傳》隱公十一年。

由長子、長子以下的兄弟們、血緣關係稍遠的叔伯兄弟、眾多的子侄及家內奴隸共同參加、集體進行的。西周之後，歷史文獻中出現了荷蓧丈人、長沮、桀溺這樣的生產者，好像是個體生產者，如《論語·微子》記載「子路從而後，遇丈人，以杖荷蓧，子路問曰：子見夫子乎？丈人曰：四體不勤，五穀不分，孰為夫子？」「長沮、桀溺耦而耕，孔子過之，使子路問津，曰：『滔滔者天下皆是也，而誰以易之？且而與其從避人之士也，豈若從避世之士哉？』耰而不輟」。這裡的荷蓧丈人、長沮、桀溺仿佛已是經營小塊土地的個體生產者，但仔細分析文獻，則可知他們或為失勢貴族、或為隱者，並不具有普遍的代表性。只有到了戰國，個體勞動才真正取代家族成為社會的基本生產單位，《孟子·萬章下》記載「耕者之所獲，一夫百畝，百畝之類，上農夫食九人，上次食八人」。《漢書·食貨志》記載李悝語「今一夫挾五口，治田百畝」。顯然，一夫百畝、五口之家、七口之家在戰國時期才真正發展起來。同時，在國家政令方面，秦國商鞅規定「民有二男以上不分異者，倍其賦」[18]，強行推行小家庭制度。在這種情況下，個體小家庭及個體勞動才成為普遍的現象。

　　中國早期國家的特徵還表現在：由於血緣組織的長期存留，早期國家具有家長制家庭的特徵。這種特徵的一個主要表現形式就是以血緣關係為基礎的宗法制度的存在。宗族在西周時期的影響力自不待說，直到春秋時期，宗族仍然影響巨大。這裡可以晉國為例進行說明，《左傳》昭公五年載：「韓起之下：趙成、中行吳、魏舒、范鞅、知盈；羊舌肸之下：祁午、張趯、籍談、女齊、梁丙、張骼、輔躒、苗賁皇，皆諸侯之選也。韓襄為公族大夫，韓須受命而使矣。箕襄、邢帶、叔禽、叔椒、子羽，皆大家也。韓賦七邑，皆成縣也。羊舌

18　《史記·商君列傳》。

四族,皆強家也。晉人若喪韓起、楊肸,五卿、八大夫輔韓須、楊石,因其十家九縣,長轂九百,其餘四十縣,遺守四千。」這個記載說明春秋後期晉國社會上最有影響的韓、趙、中行、魏、范、知、羊舌、祁等「大家」、「強家」,亦即大族、強族,這些強宗大族不僅經濟實力雄厚,而且擁有相當可觀的軍事力量,直令強大的楚國都不敢小覷。這種家族制度的存在,以及在這種制度下出現的子族、多子族大宗、小宗等家族結構,恰好是中國古代國家內部以血緣關係劃分社會等級的確證。總之,中國古代國家是在特定的歷史環境下,通過特定的方式形成的,由於原有的部落形態和家長制家庭沒有徹底打破,而是比較完整地保留了下來,並且在國家產生以後得到強化,原有的家庭結構生長成為政治結構的補充部分,成為早期國家的重要支柱。所以家長制家庭結構長期存留就成為中國古代社會的根本特點。因此,早期國家階段,家族的存在對於國家政體的形式有著深刻的影響。在西周初年的大封建過程中,作為周人家族組織的大家長,周天子成為天下共主,而周王的兄弟子侄則分別成為統治各諸侯國的國君,諸侯國君的兄弟子侄則受封為卿大夫。《左傳》桓公二年說「天子建國,諸侯立家,卿置側室,大夫有貳宗,士有隸子弟」,實際上是對家長制家族組織國家化的說明。

中國早期國家的特點,表現在思想文化方面,則是道德意識起源很早。較早地具有道德意識,與周人在建國之初變革殷人的天命觀有密切的聯繫。

關於周人天命觀在中國文化發展歷程中的重要意義,曾有學者以周初的人文精神躍動來描述,說:「(周人)政權的根源及行為的最後依據,卻只訴之於最高神的天命。並且因為由憂患意識而來的『敬』的觀念之光,投射給人格神的天命以合理的活動範圍,使其對於人僅居於監察的地位。而監察的准據,乃是人們行為的合理與不合理。於

是天命（神意）不再是無條件地支持某一統治集團，而是根據人們的行為來作選擇。這樣一來，天命漸漸從它的幽暗神秘的氣氛中拜託出來，而成為人們可以通過自己的行為加以了解、把握，並作為人類合理行為的最後保障。並且人類的歷史，也由此而投予以新的光明，人們可以通過這種光明而能對歷史作合理地了解，合理地把握。因而人人漸漸在歷史中取得了某種程度的自主的地位。這才真正是中國歷史黎明期的開始」[19]。在這裡，學者高度評價了周人天命觀之於傳統文化的重要意義，並且指出由於周人將人事與天命聯繫起來，提出「天輔明德」的觀念，從而造成殷周天命觀迥然有異。的確，周人變革殷人的天命觀念，在天命中注入德的因素，造成周人道德意識的極大提升。但考察周人的天命觀念，則可見與殷人的天命觀有其繼承性。

「天命」一詞，青銅銘文中最早見於成王時期的《何尊》。是器記載周成王誥教宗小子，其誥辭中明確提到文王受大令（命），謂：「昔才爾考公氏克弼文王，文王受大茲令」。周初人所說的文王受天命，其旨意由《何尊》銘上下文意來看，無疑是有君權天授的意蘊。《何尊》記載成王在誥宗小子辭中，特別提到「隹武王既克大邑商，則廷告於天」，是說武王克商後，特意向天彙報。武王之辭謂「余其宅茲中國，自之乂民」，意謂我將在中心區域行建制，從這裡來治理民眾。武王誥天及其誥辭透露出，武王對於天十分仰賴與敬畏。唯其誥天，獲得天命的眷顧，才擁有合理的統治中國之權。由《何尊》分析，當周人的天命觀成型之時，其主要內容是宣揚文王受天命，武王攻克殷紂，其意在於強調周人取得政權，合於天理，具有絕對的正當性。這層意思正如傳世文獻所記周公之稱「皇天上帝改厥元子，茲大國殷之命」，「天既遐終大邦殷之命」[20]，上天已終止殷之命，轉而眷

---

19 徐復觀：《中國人性論史》，生活・讀書・新知三聯書店2001年版，第22頁。
20 《尚書・召誥》。

顧於周，周人從此獲得合理的統治權。

周初以來，文王或文武王受「天命」（大令）的說法在西周時期不斷被加深、鞏固，但凡憶及周人代殷，或祖述先王之德，「文王受天命」都是周人有言必稱的內容。如周康王時期《大盂鼎》「丕顯文王受天有大令」，恭王時期《乖伯簋》「朕丕顯文武膺受大命」，《詢簋》「丕顯文武受令」，恭王時期《牆盤》「曰古文王，初龢穌於政，上帝降懿德大㝵，匍有上下，迶受萬邦」，懿王時期《師詢簋》「丕顯文武，膺受天令」，懿王或孝王時期《瘋鐘》三「曰古文王，初龢穌於政，上帝降懿德大㝵，匍有四方，匂受萬邦」。上述器歷時周初至週末，皆稱文武受天命。「丕顯文武膺受大令」，幾成周人的口頭語，傳頌廣泛，表明此一觀念在周人那裡根深蒂固。應當說，「文武膺受天命」事實上表明了周人對自己獲得政權的認識：周代殷，是由於天命的眷顧與支持，天命由殷商轉而為周文武王所有。因此，周代殷，順乎天。

周人依靠智慧和武力推翻了殷商王朝，但他們不特表彰自己的武裝和謀略，反而在周革殷之際，乃至在西周一代，特別強調天命對於革商的重要作用，說明那一時期，天命對於周人，有著不可或缺的重大意義；天命觀念影響深刻，人們仍然籠罩在傳統的天命觀念當中。

天命對於周人的另一層意義，在於天命對於民眾來說，極具號召力，因此往往成為周王鞏固同盟，加強周族影響力的有力武器。青銅銘文中常常可見，周王告誡同姓或異族領袖，他們的祖先在文武之時，即已輔弼文武王，順應天命。言外之意，其子孫應當繼續順服周天子，唯有如此，才能順遂天命，獲得怙佑。如穆王時期《彔伯彧簋》記載「王若曰：……自乃祖考有恪於周邦，佑辟四方，惠甯天

命」。錄伯為錄國首領，非姬周族[21]，穆王告訴錄伯他的祖先敬於周邦，協助開拓疆土，天命仁惠寬大。恭王時期《乖伯簋》記錄「王若曰：乖伯，……乃祖克弼先王，翼自他邦，有疒於大命」，意謂乖伯的祖父從自己的國中來到周邦輔弼周先王，符合天命。因此，對於非姬周族來說，天命是周人極具號召力的法寶。在周族內部，天命同樣具有震懾力。共王時期《詢簋》記載「王若曰：詢，丕顯文武受令，則乃祖奠定周邦，今余令汝嗇官……」，周王說，在文武受命之時，詢之先祖即輔助周王，如今王再次任命詢，以克弼周王，順從天命。對於同族或異族，周王皆以天命為號召，這確乎表明，西周一代天命觀念仍然濃厚，在人們普遍的認識中，天命至高無上，國家的統治仰賴於天的命令與支撐。

　　周人天命觀當中的突出內容，並由此而大異於商人天命論之處，諸家指出，為增加了道德方面的因素，從而否定了天之於人的絕對意志。這方面的記載在傳統文獻中比比皆是，如「天不可信，我道惟寧王德延」[22]，「肆王惟德用」[23]，「明德慎罰」、「經德秉哲」等。其中「天不可信」的說法最為突出，最為典型的否定了天的命定性。但是周初的「德」所指內容是什麼，是否是倫理道德意義上的德，是否是今人所指的道德？

　　青銅銘文中有不少「德」的記載，且與「天命」相繫聯，更有利於了解德與天命的關係。周初器《何尊》在講到文王受天命、武王詔告於天後，繼續說到成王對宗小子行告誡，云「爾有雖小子無識，覗

21　《通志·氏族略》三：「祿氏，《風俗通》父：紂子武庚字祿父，其後以字為氏。涇陽有此祿姓，亦出扶鳳。」郭沫若則以為錄即《春秋》文公五年「楚人滅六」之「六」，皋陶之後，安徽六安地區。錄子曾被周成王征服，後臣服於周，無論祿或六，顯然為異族。

22　《尚書·君奭》。

23　《尚書·梓材》。

于公氏有爵於天，徹令敬享哉」，意謂成王告訴宗小子要看到並效法父考公氏，效法的內容是什麼？就是謹敬上天，通達命令、敬事奉上。可見，行為準則中，排列在最先的是對天的恭敬、順從，其次是對王的敬奉。《何尊》銘文又稱「惟王恭德穀（裕）天，順我不敏」，這是讚頌時王的語彙，學者們對「裕天」有不同的解釋，一般理解為順應天令，但是對「恭德」，多將其解釋為「敬德」。不過從銘文中，很難確切指出「德」的內涵，以及是否為道德之「德」。顯而易見的是，這裡的「德」是與順承天命聯繫起來的，並且，尚不得見「天命」以德為轉移的內容。《何尊》所反映的上述內容，應當是周初人們對於「德」的一般認識。

西周中期以來，彝銘中常見有關「德」的內容。《大盂鼎》稱「丕顯文王受天有大命」，武王繼承其事業，「在武王嗣文乍邦，辟厥慝，敷有四方，正厥民。在於御事，酒無敢酖，有柴蒸祀無敢擾。古天翼臨子，廢保先王，囗有四方。我聞殷墜令，隹殷邊侯甸與殷正百辟，率肆於酒，故喪師。」而周王表示「今我隹即型稟於文王正德，若文王令二、三正。今余隹令女盂召榮敬雝德經。敏朝夕入諫，享奔走，畏天威」，這裡所宣揚的是：一文王受天命；二武王剪除殷頑，遍有天下，大治其民；三是文武之執事不耽於酒，不擾亂祭祀，故上天助佑、護視、慈愛周人，大佑先王；四是對比殷人，言其失去天命，正由於百官沉溺於酒；五是王自稱「即型於文王正德」，尤可注意的是，這裡提到效法文王「正德」，這裡的德是不是完全的道德概念呢？似乎還不是，因為由銘辭看，所謂的文王正德，包含的內容為文王任命適合的官正，在周制方面有所建設，這個「德」還稱不上是真正意義上的道德修養。銘辭又稱，王告誡盂，「敬雝德經」，學者傾向於將「德」與「經」解釋為道德與準則。可是，這個道德與準則具體何所指？應當就是後文所說的「敏朝夕入諫，享奔走，畏天威」，

即勤敬王事，畏服天命。總之，雖然銘文中出現了「德」，但德與天命緊密相連。西周穆王時期的《班簋》銘文亦談到「德」，此銘記載王對下屬毛公、吳伯等發令說必須成功，以無損於天威，然後，毛伯班告事成功於王，說：「隹民謀拙哉！彝昧天令，故亡。允才顯，隹敬德，亡攸違。」周王之意說毛伯等人必須成功，以無損於天威。毛公之意則為民眾蠢笨，常常不明白天命，所以失敗。明白顯明的是，要虔敬修德，無違於天命。在銘文中，雖不能確指德的內容，但予人以突出印象的是，無違天命，是修德的重要內容。西周中晚期以來，周人對於文王受命之事仍然津津樂道，如《牆盤》「曰古文王，初盭龢於政，上帝降懿德大甹，匍有上下，迨受萬邦」，意謂文王開始做到了政事和諧，上帝降美德大屏，得到四方，完全接受臣服眾多方國。《㝬鐘》「曰古文王，初盭龢於政，上帝降懿德大甹，匍有四方，匌受萬邦」，這些銘辭一方面說明文王受天命已成為周人深刻的記憶，另一方面透露出，所謂「懿德」由上帝所降，「德」與上天、上帝是緊密關聯的。

　　綜觀這幾篇銘文，可見德所包含的是一些具體的事項，如反省殷人之失國、勤於政事等，當然其中也蘊涵著一些觀念，如敬業、謹慎等等。這些內容是介於抽象的道德與具體的事物之間的一種狀態，它還尚未從具體的事項中抽象出來，變為純粹的觀念。因此，周人是將德的因素注入天命中，但從另一個角度看，德亦被注入天命方面的內容。所謂的德，其中重要的內容是恪守天命，在這種情況下，很難說人具有了更多的主動性，因為人是要以天為指導的。關於周人天命觀方面的內容，前人總結說：王權受命於天代表了合法性，王者須用「敬德保民」來獲得證明；天命則以其德行臧否為轉移，所謂「皇天

無親，惟德是輔」[24]。以德配天（命）遂成為周文化的一大特徵，寓示了人文精神的自覺高漲。周人的新，新就新在確立了「王其德之用，祈天永命」的信念。周人天命觀的道德意願高於宗教意願。但是，如若從青銅銘文的角度來看，對周人天命觀的理解會有所不同。周人獲得政權，天命是其基礎，在周人看來，如果沒有天命的輪轉，周人是不可能獲取政權的。因此，天命對於周人來說，具有無尚的重要意義。天命成為周人獲取本族以及異族支持的有力支柱，單從這一點來說，民眾並未從傳統的天命論中解放出來，否則，周人強調文武受天命就毫無意義。此外，周人在注重天命的同時，的確注重德，但從上面分析可見，德並不是道德之德，它是一些行為準則，一些規條，這些規條，主要是周人在總結殷人衰亡教訓時，得出的一些規則，它尚未上升到道德的高度。另外，在西周時期人們所講的「德」中，敬畏天命是其重要內容。

此外，周人並不否認殷王之德，在他們看來，殷先王有德。如《尚書》中時可見周公對殷王的追憶，《康誥》記載「紹聞衣德言，往敷求於殷先王用保乂民」，「茲殷罰有倫」，「我時其惟殷先哲王德，用康乂民作求」，《酒誥》說「我聞惟曰：在昔殷先哲王迪畏天顯小民，經德秉哲」，殷之先王同樣有德，只是殷人最終失去了德。此外，向商紂彙報西伯戡黎的商臣祖尹特別向紂闡述了天命與人事之間的關聯，他說：「天子，天既訖我殷命。格人元龜，罔敢知吉。非先王不相我後人，惟王淫戲用自絕。故天棄我，不有康食。不虞天性，不迪率典。今我民罔弗欲喪，曰『天曷不降威？』……嗚呼！乃罪多，參在上，乃能責命於天？」在祖尹的告紂之辭中，可以清楚地看到人事與天命之間的關聯。

---

24 《左傳》僖公五年引《周書》。

這樣看來，將人事與天命聯繫起來，並不完全是周人的發明。周人是在繼承殷人天命觀合理部分的基礎上，在實際政治中作了特別的發揮。因此，周人注重德的觀念，固然與周人對殷人天命觀的改造有關，但在一定的程度上，也可說殷周文化之間存在繼承，周人是在更高的層次上發展了殷人天命觀念中的合理因素以及「德」的觀念，使得早期國家時代的文化發展中「德」的色彩十分濃厚。

（二）春秋戰國時期國家的轉變

春秋戰國時期國家的轉變，可以從如下幾個方面來理解：從社會組織方面來說，血緣家族逐漸削弱。各國不同程度的變法，在很大程度上打擊了舊貴族，貴族政治趨於解體。由於生產力的發展和家族的解體，個體小農大量湧現，一家一戶的小農經濟成為國家的經濟命脈，編戶齊民成為國家控制民眾的有效方式；從社會群體方面來說，士階層大量湧現。舊的貴族下降為士，庶人則通過各種方式上升為士，士階層的流動為文化的進一步發展交流提供了條件；從社會文化的發展來說，由於官學向私學的轉換，加之定於一尊的政權形式尚未出現，人們的思想處於活躍狀態，思想文化的發展在這一時期達到了前所未有的盛況。在總結三代文化的基礎之上，各家各派提出了不同的思想命題，思想主張，諸子百家的文化勝景就此形成；從民族融合的角度來說，各民族的融合步伐加快，為統一的多民族的國家形成，奠定了基礎。春秋戰國時期，可謂承前啟後的歷史時代。

1 從封建到郡縣

周族本是以涇渭一帶為根據地的蕞爾小邦，後取代「大邦殷」而成為天下共主。周人克商後，迫切要解決的問題是如何統治大邑商。周人人少勢弱，殷遺人多勢眾，且不時有反叛跡象，如何使小邦周能

夠穩固對大邑商的統治,是周初政治家面臨的重要課題。周公東征,摧毀商及其同盟淮夷的殘餘勢力後,周初一批政治家通過宏觀政治決策,採取分封的策略,在全國要衝大封同姓、異姓和古帝王之後於新占領的地方,「以藩屏周」[25],鞏固周疆,這就是所謂的「封建制」。

周人施行封建制與其建國之時所面臨的社會形勢有關,它是周人克商後為解決政治穩固而採取的策略,從實際效果看,周人的封建對於打擊、抑制商人力量,穩定周初政治形勢,起到了關鍵作用。

「封建」一詞最早見於《左傳》,謂「周公吊二叔之不咸,故封建親戚,以藩屏周」,「周之有懿德也,猶曰:莫如兄弟,故封建之。其懷柔天下也,猶懼有外侮。捍禦侮者,莫如親親,故以親屏周。」[26]可以看出,古人所說的封建是指「封諸侯建藩衛」的政治舉措。

周初的分封,就其封建物件來說,可分為兩類:一是襃封,物件是先古聖王之後裔,屬於武王克商後的政治舉措。《史記・周本紀》記載:「武王追思先聖王,乃襃封神農之後於焦,黃帝之後於祝,帝堯之後於薊,帝舜之後於陳,大禹之後於杞。」據《春秋公羊傳》隱西元年何休注:「有土嘉之曰襃,無土建國曰封。」襃封有助於推行周人滅商後的新的政治觀,周人借助襃封先聖後裔所具有的內聚力,順理成章獲得其政權的正統性、合法性,也有助於在意識形態領域加強西周王朝的政治權威;二是實封,授民授土,分地建國,所封為周同姓親戚及部分異姓功臣謀士。《左傳》昭公九年記載:「文武成康之建母弟,以蕃屏周。」此類分封,主要集中在文、武、成、康四世。有關周初的封國數,或謂:「昔武王克商,光有天下,其兄弟之國者十有五人,姬姓之國者四十人,皆舉親也。」[27]或說:「(周公)立七

---

25 《左傳》僖公二十四年。
26 《左傳》僖公二十四年。
27 《左傳》昭公二十八年。

十一國，姬姓獨居五十三人」[28]。周初所分封的主要諸侯國，重要的有衛、齊、魯、宋、晉、燕等。

　　周初的封建，是要在全國建立一批大小不一的帶有武裝殖民性質的次等侯國，通過政治權力的層級分化，形成一個向最高政治中心周王朝彙聚的統治網路。所以，周初的封建是一種武裝駐防事業，其目的主要在於作為王室的助手，監視被征服的民眾。周所封建的諸侯，對王室的義務有按期納貢朝覲、出兵助王征伐，救濟王畿內的災患。諸侯國的內政完全自主，而自武王成王之後，諸侯對王室的義務，也就成了具文。

　　與周之封建相表裡的，是宗法制度。宗法制嚴格區分嫡庶長幼，按照宗法制度，周王自稱天子，王位由嫡長子繼承，所謂「立嫡以長不以賢」，強調和突出大宗、宗子的地位，以建立起天子、諸侯、卿大夫、士的等級秩序，形成以大使小、據重馭輕的政治形勢，使之發揮以枝強幹的作用。

　　建立在宗法基礎上的分封制是周代社會最為基本的制度。周人利用氏族宗法組織擴大成國家統治機構，實行逐級的宗法分封，形成了貴族的等級制和對土地的世襲占有制。宗法制決定了分封制、等級制和對土地的占有制，而分封制、等級制和對土地的占有制又鞏固了貴族的宗法統治。宗法制和封建制的結合，使得周代國家自上而下建立起了較為嚴密而統一的政治、經濟、軍事和文化制度，在周代社會起到至關重要的作用，開啟了周朝八百年的格局，直到秦統一後才由郡縣制代替。

　　然而，分封制導致的結果之一卻是天子、諸侯及卿大夫各據封土而相互疏遠，直至在諸侯勢力坐大之時，不斷挑戰天子的權威。秦始

28　《荀子‧儒效》。

皇《琅邪刻石》中就曾說過「古之帝者，地不過千里，諸侯各守其封域，或朝或否，相侵暴亂」[29]，一語道破了封建制的先天缺陷。特別是當西周早期的大分封結束後，周天子持續的分封政策致使周王室直接控制的王畿地區不斷削減，也導致諸侯們的勢力日漸膨脹，嚴重地威脅了周天子的崇高地位。另外，周天子雖然在名義上是至高無上的，但他對天下的最高統治權僅僅行使至諸侯這一層次，而不能滲透到諸侯國內部、宗族內部，因此，周天子的權力在事實上是被分割的。

春秋時期，維繫封建社會的宗法體系遭到破壞，等級制度削弱，大量人口脫離宗法血緣關係而走向個體獨立。各諸侯國為了增強國力，紛紛開拓疆土，於是出現了大片沒有經過周天子分封，但實際又掌握在各諸侯國君手中的土地。另外，社會生產力的發展也導致大量私田被開墾。同時，隨著諸侯國之間的兼併戰爭愈演愈烈，如何管理兼併戰爭中獲得的新增土地，也成為諸侯國國君需要解決的問題。因此，春秋時期，各個主要諸侯國內部都有由於血緣關係破壞而出現的大量自由人口，也出現了由於宗法家族崩潰而取得的大量土地，以及在戰爭中兼併而來的土地，在這種情況下，一種新的統治機構——郡縣制應運而生。一般認為，郡縣制起源於春秋時期，形成於戰國，全面推行於秦始皇統一天下。

早在春秋時期，一些諸侯國便設置了縣。《史記・秦本紀》記載，秦武公十年，「伐邽、冀戎。初縣之」，隨後在秦武公十一年，「初縣杜、鄭」，秦人打敗邽、冀戎，將之變為秦國的「縣」，又在杜、鄭之地設縣。秦武公十年為西元前六八八年，秦國已經開始設立縣，但那時的縣應當只是指國都以外的地區或城邑四周的地區，尚未發展至真正的郡縣之縣。

　　楚國也是較早設立縣的諸侯國之一。《左傳》哀公十七年記載，
「彭仲爽，申俘也。文王以為令尹，實縣申息，朝陳蔡，封畛於
汝」，楚文王時代大概為前六八九至六七七年，《左傳》中的這一記載
說楚文王派出令尹管理申息之地，並以之作為縣，這有可能是楚國滅
國置縣的開始。此後，楚莊王十六年楚國伐陳，以之為縣，雖然楚國
曾一度恢復了陳國的社稷，但最終還是滅陳而將其地置縣。在這以
後，楚開始大規模地滅國設縣，《左傳》昭公十一年記載「冬十一
月，楚子滅蔡……楚子城陳、蔡、不羹，使棄疾為蔡公」，《左傳》宣
公十二年甚至記載楚有「九縣」之稱。就總體情況來說，楚國主要是
通過滅亡鄰國而設置縣，縣主要設置於邊邑地區。

　　與楚國相似，晉國也通過兼併和擴張取得不少土地，並將之設置
為縣。但晉國不僅在邊地滅國為縣，而且在內地也改造一些大夫的采
邑為縣，促進了縣邑向郡縣的轉化。《左傳》僖公三十三年記載，「晉
侯敗狄於箕，郤缺獲白狄子」，晉襄公「以再命命先茅之縣賞胥臣」，
先茅之縣本來是先茅的采邑，因其絕嗣，將其地賞給胥臣，這是以采
邑為縣。《左傳》宣公十五年記載「晉侯賞桓子狄臣千室，亦賞士伯
以瓜衍之縣」，同樣是將縣賞賜功臣作為采邑。可以肯定的是，這兩
個例子中的縣都是在晉國內地。晉國還分割卿大夫的采邑為縣，如晉
「遂滅祁、羊舌氏……分祁氏之田以為七縣，分羊舌氏之田以為三
縣」[30]。又如《左傳》哀公二年記載趙簡子誓師辭「克敵者，上大夫
受縣，下大夫受郡，士田十萬，庶人工商遂，人臣隸圉免」，這說明
晉國的縣多是功臣、貴族的賞田或封邑，並且這些縣多在晉國內地。

　　據學者研究，晉、楚的滅國為縣以及在新領土上所設的縣雖然還
不是後世的郡縣之縣，還沒有將縣境內的血緣組織改造成為什伍鄉

---

30 《左傳》昭公二十八年。

里，但已是國君的直屬地，縣的長官也由國君任命而不世襲，已開始具有了地方行政組織的萌芽。

封建制向郡縣制的普遍轉化，形成於戰國時期。春秋後期、戰國初期，諸侯國內外兼併的土地越來越多，縣制也更加普遍。戰國時期是中國歷史上關鍵性的重大變革和發展時期，其中，郡縣兩級的地方行政組織的形成正是這一時代的突出特徵。

戰國時期郡縣制的推行，是與土地國有的進程相配合的。在這方面，最為突出的例子是秦國。秦孝公任用商鞅變法，商鞅所進行的田制改革，其實質就是土地國有化。他把立足於村社土地的占有制，改變為普遍國有與私人占有兩種形式。他的主要舉措是，一，取消封侯制、采邑制，代之以縣制，並重新以新的軍功「名田宅」[31]，並令宗室等無軍功者不得屬籍。秦自孝公以後，制約王權的貴族勢力終難坐大，以及大土地占有者不多，其根本原因就在於土地所有權高度集中在國家手中；二是在宗族解體的過程中，通過「集小鄉邑聚為縣。置令、丞、凡三十一縣」[32]、「壹山澤」[33]等措施，完成了對村社土地所有權的集中和壟斷。在土地國有化的基礎上，由國家統籌「為國分田」[34]，「制土分民」[35]，使普通民眾擺脫了封君、村社等的控制，而直接成為國君的臣民，列為編戶。商鞅在變法的過程中，大力推行縣制，規定縣令、縣丞由中央政府任命，只有管理權而無所有權，保證了君王的直接管轄權到達縣一級。在推行縣制之時，商鞅還將民眾組織起來，形成保甲制度。「令民為什伍，而相牧司連坐。」[36]這樣就形

---

31 《史記‧商君列傳》。
32 《史記‧商君列傳》。
33 《商君書‧墾令》。
34 《商君書‧算地》。
35 《商君書‧徠民》。
36 《史記‧商君列傳》。

成了以什伍制為基礎的基層地方組織，使縣不但擁有了比較完備的行政職能，還能夠承擔國家所交付的各種任務。據《漢書・百官公卿表》記載，「百石以下有鬥食、佐史之秩，是為少吏。大率十里一亭，亭有長。十亭一鄉，鄉有三老、有秩、嗇夫、遊徼。三老掌教化；嗇夫職聽訟，收賦稅；遊徼徼循禁賊盜。縣大率方百里，其民稠則減，稀則曠，鄉、亭亦如之，皆秦制也。」由此可見，商鞅變法之後設立的縣，不再是采邑，而完全是國君的直屬地；縣的長官不再世襲，而隨時或定期由國君撤換；縣的幅員或範圍多經過國家劃定，而不純粹是天然形成；縣以下還有鄉里等更為基層的組織，以地緣取代了血緣，以行政設置代替了血緣組織，使縣具有了較完備的行政職能。縣級長官由國君任命，以年終上計為標準直接對國君負責，因此，縣已經成為中央政府直屬的管理地方的機構，失去了政治上的獨立性，為中央的君主集權制度提供了有力保障。

關於郡的最早資料，可以追溯至晉趙鞅誓辭「上大夫受縣，下大夫受郡」，說明在西元前四九三年之前，晉國已經有了郡的設置，但郡的地位較縣為低。戰國時期，不少諸侯國中都設立有郡，如魏國「魏築長城，自鄭濱洛以北，有上郡」[37]，楚國也設立有郡，「越國亂，故楚南塞厲門而郡江東」[38]。到戰國後期，郡的設置越來越多，諸如趙國雲中、雁門、代郡等，燕國上谷、漁陽、遼西等。

至西元前二二一年秦始皇滅六國，建立了統一的中央集權的封建王朝，郡縣制作為一種制度被固定下來。秦始皇二十六年，有人曾提議分封，例如丞相王綰等言：「諸侯初破，燕、齊、荆地遠，不為置王，毋以填之。請立諸子，唯上幸許。」針對此種觀點，廷尉李斯

---

37 《史記・秦本紀》。
38 《史記・樗里子列傳》。

曰：「周文武所封子弟同姓甚眾，然後屬疏遠，相攻擊如仇讎，諸侯
更相誅伐，周天子弗能禁止。今海內賴陛下神靈一統，皆為郡縣，諸
子功臣以公賦稅重賞賜之，甚足易制。天下無異意，則安寧之術也。
置諸侯不便。」李斯認為建立在血緣基礎之上的封建制，當血緣關係
逐漸疏遠後，政治利害關係超越了血緣關係，封建制就無法有效運作
了。秦始皇聽從了李斯的建議，認為：「天下共苦戰鬥不休，以有侯
王。賴宗廟，天下初定，又復立國，是樹兵也，而求其寧息，豈不難
哉！」[39]將全國分為三十六郡（後增至四十九郡），郡置守、尉、監。
建立起了一整套從中央到地方的政治制度和行政制度來維持國家機器
的運行。秦國的郡縣制維繫了大一統局面，開二千年多年封建王朝地
方行政制度的先河。

　　與郡縣制相對應，國家政府中的貴族政權在戰國時代也變成了官
僚政權。這是和傳統的世族世官制相對而言的新的政治制度，官吏的
選拔任免不再以宗族血緣關係為依據，而是代之以個人的能力。入仕
的官僚不再是終身制和世襲制，和國君之間沒有任何血緣關係，俸祿
取代了采邑，和宗法體制下的官僚形成了區別。新舊官僚在行政事務
上也有很大的區別。戰國以前，宗法政權體制是軍政合一的，周王室
和各諸侯國的卿大夫集行政權和軍事權於一身。戰國以後，各國官僚
體制一個顯著的變化就是將相的分離，將相權力的分離和相互牽制，
更有利於君主的集權。

　　郡縣制作為當時先進的政治制度，為社會穩定和發展，為國家的
統一和強大起到了重要作用。秦始皇在全國範圍內推行的郡縣制，奠
定了中國地方政治行政體系的基礎，構建了兩千多年中央集權封建王
朝的基本框架，而與其相配合的大一統觀念也深入人心。

---

39 《史記・秦始皇本紀》。

2 春秋戰國時期的社會變化

　　春秋戰國時期為社會大變動時代，就社會結構而言，家族的解體以及編戶齊民的出現，是最為引人矚目之事。由社會結構以及生產力方面的變化，推動著社會在方方面面發生了變動。然而，就是在這個社會大變動的時代，民族融合的腳步加快了，為統一的多民族國家的形成奠定了基礎。

　　春秋戰國時期，隨著生產力的發展、提高，勞動組合規模已經朝著小型化的方向發展，生產力對家族直接產生著分化瓦解的作用。同時，財富如腐蝕劑一般，無孔不入地滲透到家族內部，對家族財產地爭奪，也導致有些大家族衰落。其次，各大家族之間為相互爭奪利益，導致家族之間的爭鬥，也使得一些家族削弱下去。複次，有些家族為獲得更多的利益，遠徙他鄉求取富貴，使家族力量減弱，家族間的分化加劇。家族的遷徙，尤其帶來了地緣關係的進步。私有制的成長使族間及族內矛盾日益擴大，從而進一步導致血緣關係向地緣關係的轉化。伴隨著現實社會中血緣關係的削弱，有的人在思想上、觀念上就把至高無上的親親原則看得淡漠起來。例如宗主原是家族之本，而宋之華亥卻欲「喪其宗室」，華臣也「暴其宗室」，樂大心又「卑其大夫而賤其宗」[40]，齊之盧蒲癸公然宣稱：「賦詩斷章，余取所求焉，惡識宗？」[41]血緣團體的裂痕既已撕開，便難以再完全彌合。

　　這個時期，社會上開始出現不屬於宗族的人士。最早游離出宗族的可能是一批文化知識的擁有者亦即士人。例如春秋時期楚樂師鍾儀被囚於晉，晉景公「問其族」，鍾儀回答說「泠人也」[42]。樂師不回答

40　《左傳》昭公二十五年。

41　《左傳》襄公二十八年。

42　《左傳》成公九年。

其宗族名稱，而以「泠人」──樂官這種職業作答，可見鍾儀（甚至
包括其先輩）已經脫離了本族而專職司於樂官之業。關於春秋戰國時
期脫離了家族的人的生活狀況，文獻中有所記述：「黃鳥黃鳥，無集
於穀，無啄我粟，此邦之人，不我肯穀。言旋言歸，復我邦族。黃鳥
黃鳥，無集於桑，無啄我粱。此邦之人，不可與明。言旋言歸，復我
諸兄。黃鳥黃鳥，無集於栩，無啄我黍。此邦之人，不可與處。言旋
言歸，復我諸父。」[43]「問國之棄人何族之子弟也？問鄉之良家，其
所牧養者幾何人矣？問邑之貧人債而食者幾何家？問理園圃而食者幾
何家？人之開田而耕者幾何家？士之身耕者幾何家？問鄉之貧人，何
族之別也？問宗子之牧昆弟者，以貧從昆弟者幾何家？餘子仕而有田
邑，今入者幾何人？子弟以孝聞於鄉里者幾何人？餘子父母存，不養
而出離者幾何人？」[44]這兩例材料，《小雅·黃鳥》當是春秋時代的作
品，《問》篇的著作時代蓋在戰國中期[45]。東周時期是一個社會大變革
的時代，從社會結構的角度看，這正是氏族（宗族）與國家並存的典
型時期。族既是普通社會成員的保護傘，又是一種束縛。上面這兩條
材料表明社會普通成員擺脫族的努力和處境之尷尬。離族出走者被稱
為「國之棄人」，可見其受到歧視，甚至要查問他是「何族之子弟」。
這樣的人在外面沒有辦法生活，只得「復我邦族」，返回到保護傘
下。但是擺脫束縛畢竟是時代潮流，從春秋後期開始，士人逐漸登上
社會歷史舞臺，他們既與自己出身的氏族（宗族）有聯繫，又服務於
社會，可以遠走他鄉，也可以服務於鄉里。孔子提出士人應當達到的

---

43 《詩經·小雅·黃鳥》。

44 《管子·問》。

45 《管子》一書內容駁雜，專家或謂其《輕重》諸篇寫定於漢代，但是，《管子》的
大多數篇章一般被認為出自稷下學派的學者之手，為當時的「論文集」。

基本標準就是「宗族稱孝焉，鄉黨稱弟焉」[46]。從擺脫族的束縛並由此而引起社會結構變革的角度看，可以說「士」是勇敢的先行者。

宗族時代在戰國時期已臨近尾聲，《管子·問》篇似為當時的一篇戶口統計提綱，它所統計的各類人員，典型地反映了當時社會人員的複雜面貌，既有自耕農民，又有氏族中人。就農民而言，既有「開田而耕者」，又有「士之身耕者」，還有「理園圃而食者」。其中提到的「國子弟之游於外者」，應當同於《小雅·黃鳥》詩中所說到他「邦」謀生的人。這樣的複雜局面應當就是戰國時期各國大變法前夕的社會情況。

戰國時期是中國古史的氏族時代結束的時期，也是由氏族時代邁向編戶齊民時代的過渡階段。隨著各國變法運動的大規模展開，授田制日益普及，孟子曾經這樣向魏惠王說到其所希望的農民的情況：「百畝之田，勿奪其時，數口之家可以無饑矣。」[47]這個目標可以說在授田制之下基本上實現了。農民已不再完全是氏族（宗族）的成員，而是國家戶口登記簿上的民眾。商鞅主張治理國家應當做的大事就是「舉民眾口數，生者著，死者削。民無逃粟，野無荒草，則國富」[48]。「四境之內，丈夫女子皆有名於上，（生）者著，死者削」[49]。統計和管理戶口只是手段，目的在於實行授田制。農民所耕種的田地由國家授予，並且由此而向國家交納賦稅，提供勞役。農民與國家的經濟關係是直接的，中間沒有了氏族（宗族）這個層次。氏族（宗族）對農民的保護傘的作用已經大為削弱，戰國時期各諸侯國為了加強自己的力量而從氏族（宗族）那裡將勞動者歸於國家統治管理，直接從勞動者

46　《論語·子路》。

47　《孟子·梁惠王上》。

48　《商君書·去強》。

49　《商君書·境內》。

那裡取得賦稅，乃是勢所必行的事情。隨著授田制和戶口管理制的實行，在戰國後期，編戶齊民已經邁向社會歷史舞臺。

「編戶」之稱顧名思義乃是編入國家戶籍的民戶，民戶如果隱匿而不納入國家戶籍，就要受到懲罰。據《雲夢秦簡‧法律答問》載，這種情況被定為「匿戶」。按照秦國法律的定義，即「匿戶弗徭、使，弗令出戶賦之謂也」[50]。登記戶口的做法在戰國末年秦國稱為「傅」。《雲夢秦簡‧編年記》載「今元年，喜傅」[51]，指秦王政元年，名喜者的戶口登於國家的戶籍。從商鞅變法中，可以看到當時實行了嚴格的什伍制度，「令民為什伍，而相牧司連坐。不告奸者腰斬，告奸者與斬敵同賞，匿奸者與降敵同罰」。為了增迦納賦稅的戶數，還規定「民有二男以上不分異者，倍其賦」，「令民父子兄弟同室內息者為禁」[52]。秦漢以降，編戶之民成為最普通的社會成員，《淮南子‧俶真訓》謂：「夫鳥飛千仞之上，獸走叢薄之中，禍猶及之，又況編戶齊民乎？」類似的感歎也出自司馬遷之口：「千乘之王，萬家之侯，百室之君，尚猶患貧，而況編戶之民乎？」[53]普通勞動者的保護傘——氏族（宗族），在戰國中期被強勁的變法之風吹飛了，國家通過編戶制度將其牢牢地捆綁在自己的戰車之上。這時候的民眾不再單純是某一氏族（宗族）的成員，而更重要的已經成為國家的人口——「齊民」。所謂「齊民」，當取義於整齊劃一，在國家戶籍上，民眾皆整齊而一致，對於國家而言，大家都是老百姓，誰也不比誰高一頭。在統治者看來，「齊民」乃是其統治的主要對象。《管子‧君臣》下篇即謂：「齊民食於力作本，作本者眾，農以聽命。是以明君

---

50 睡虎地秦墓竹簡整理小組編：《睡虎地秦墓竹簡》，文物出版社1978年版，第222頁。

51 睡虎地秦墓竹簡整理小組編：《睡虎地秦墓竹簡》，第6頁。

52 《史記‧商君列傳》。

53 《史記‧貨殖列傳》。

立世，民之制於上，猶草木之制於時也。」趙武靈王胡服騎射的時候，曾用「齊民與俗流，賢者與變俱」[54]之語來說明變服易俗的道理。漢初呂后執政時，大臣們曾經稱頌她「為天下齊民計所以安宗廟社稷甚深」[55]。這些都表明從戰國後期到漢代，「齊民」已經是社會認可的普通民眾名稱。

「編戶齊民」之稱最早蓋見諸《淮南子》，而《史記》則稱為「編戶之民」。這並非偶然的事情，因為漢代社會上編戶齊民已經是最普通的勞動者的稱謂，難怪《淮南子》的作者們和司馬遷對他們的命運多舛感而慨之了。編戶齊民或稱為「編戶民」，據《漢書・高帝紀》記載，西漢初年呂后即有「諸將故與帝為編戶民」之說，顏師古注謂「編戶者，言列次名籍也」。西漢昭帝時代的鹽鐵會議上，文學之士謂「宋、衛、韓、梁，好本稼穡，編戶齊民，無不家衍人足」[56]。可見這時候的編戶齊民主要指努力於本業──農業的編入國家戶籍的民眾。這應當是很長歷史時期裡的「編戶齊民」的定義。

當秦王政以金戈鐵馬統一天下的時候，「氏族時代」已經是明日黃花了。若從社會結構的變化而言，秦的統一即標誌著一個與「氏族時代」相對應的「編戶齊民時代」的開始。然而，作為一個歷史時代，它是不會一下子就從傳統中銷聲匿跡的。氏族（宗族）以及宗法觀念在秦漢以降很久，還深深地影響著我國社會，影響著文化觀念。

在編戶齊民時代，普通勞動群眾往往身兼「齊民」與氏族（宗族）成員兩種身分。在國家政權與宗族權力之間，前者更有權威性，《荀子・大略》篇載：「一命齒於鄉，再命齒於族，三命，族人雖七十，不敢先」，證明編戶齊民與宗族共存在戰國後期就已經奠定了基

54　《史記・趙世家》。

55　《史記・呂太后本紀》。

56　《鹽鐵論・通有》。

本格局。秦漢以降，民眾有鄰里鄉黨比鄰而居者，亦有聚族而居者。
宗族往往成為國家政權的補充力量，領導宗族者多為年長德高望重
者，稱為「族長」或「族正」。清代規定：「聚族而居，丁口眾多者，
擇族中有品望者一人，立為族正，該族良莠，實令查舉。」[57]這類「族
正」，與官府之下的地方基層小吏有著類似之處[58]。然而，宗族的有些
基本原則也有不變者，同族之人相互幫助義務就是長期堅持的一項。
同族之人，有喪事時，依血緣關係的親疏服喪，墓地多聚族而葬[59]。
宗族世代繁衍，則立族譜排比世系。為了防止假冒，南北朝時期還曾
有專門官員負責進行族譜及族人身分的核查事宜。顏之推《顏氏家
訓・風操》篇謂：「同昭穆者，雖百世猶稱兄弟。若對他人稱之，皆
云『族人』」，同族之人有著自然親近的情感，名門大族往往以高貴的
族望而自詡。與國家政權基層機構並存的宗族，由於它是穩固國家統
治的一個因素，所以國家政權在一般情況下，並不對世家大族採取敵
對措施。有些歷史時期的國家政權甚至建立在世家大族支持的基礎之
上，東漢和魏晉南北朝時期是為典型。《白虎通・宗族》篇謂：「上湊
高祖，下至玄孫，一家有吉，百家聚之，合而為親，生相親愛，死相
哀痛，有會聚之道，故謂之族」。其中所講的族人中這種友愛聯繫不
唯漢代如此，而是在我國古代長期存在的現象，它是傳統文化觀念的
重要支柱。

---

57 《清會典事例》卷158《戶部・戶口》。

58 宗法制的核心在於嫡長子繼承制，為族長者必須為作為嫡長子的「宗子」，然而，
秦漢以降，「宗法顛墜，豪宗有族長，皆推其長老有德者，不以宗子」，這是宗法制
的一大變動，然而又是適應社會形勢不得不作出的變動。故用章太炎說這是「禮極
而遷，固所以為後王之道也」(《訄書・序種姓》；載《訄書》〔重訂本〕，讀書・生
活・新知三聯書店1998年版)。

59 先秦時期，關於族葬就有較嚴格的規定，《荀子・禮論》載：「庶人之喪合族黨，動
州里，刑餘罪人之喪不得合族黨，獨屬妻子」，是為其證。

　　春秋戰國時期的另一大變化，是華夏族的形成。這一時期是華夏
民族融合的關鍵時期，西周以來的比較固定的民族分布格局、族群關
係被打破。民族融合表現為兩個方面，一方面是諸夏與少數族的爭
鬥，史載「南夷與北狄交侵，中國不絕若線」[60]一方面則是交流與融
合，諸夏與少數族通婚的例子屢見不鮮。《國語・周語中》記載「王
（周襄王）德狄人，將以其女為後」，雖然周襄王此舉遭到大夫富辰
的反對，但周襄王以狄女為後的做法，無疑說明諸夏與諸少數族的融
合、交匯。又如晉文公在繼位之前，逃亡至狄時，「狄人伐廧咎如，
獲其二女：叔隗、季隗，納諸公子。公子取季隗，生伯鯈、叔劉，以
叔隗妻趙衰，生盾。將適齊，謂季隗曰：『待我二十五年，不來而後
嫁。』對曰：『我二十五年矣，又如是而嫁，則就木焉。請待子。』
處狄十二年而行。」[61]廧咎如是狄之一支，重耳（即以後的晉文公）
娶狄女，其隨從之士，著名的趙衰亦娶狄女。晉由於地理原因之故，
與狄接觸甚多，在頻繁的接觸、交往中，在晉人的觀念中，已沒有富
辰那樣嚴格的「內外」觀念。而重耳所娶的季隗，從其言辭中，可見
受華夏文化影響甚深，表明華夏族與少數族融合達到一定程度。

　　在與諸少數族的鬥爭中，以夏商週三族為主體的華夏文化逐漸形
成。春秋時期，五霸中的齊、晉與北方的戎狄進行鬥爭，又成功地牽
制了南方楚國的力量，在客觀上有利於三代文化的積澱與蓄積，為華
夏文化主幹的進一步鞏固創造了條件。春秋時期，齊國的齊桓公採納
臣下管仲的建議「尊王攘夷」。當時，戎狄勢力很盛，對華夏族威脅很
大。西元前六六一年，狄伐邢（邢臺）。邢國為周公之胤，雖為小國，
然為周文化的正統。西元前六六〇年，狄又破衛，衛人棄城而逃。衛

---

60 《公羊傳》僖公四年。

61 《左傳》僖公二十三年。

國也是周初分封的重要國家之一，是周文王兒子的封國。衛懿公由於
昏庸無能，根本無力抵擋狄人的進攻，被狄人打得落花流水。逃往的
衛人渡過黃河後，得到宋桓公的幫助，總共只剩下男女老少七百多
人。邢與衛幾到亡國滅祀的邊緣。這時，「（齊桓公）使公子無虧帥車
三百乘，甲士三千人以戍曹，⋯⋯僖之元年，齊桓公遷邢於夷儀。二
年，封衛於楚丘」。齊桓公幫助兩個周室正統小國復國，避免了絕姓滅
祀的後果。史書記載，齊桓公救助的作用好極了，使得「邢遷如歸，
衛國忘亡」。當邢衛遭夷狄進攻之時，管仲力勸桓公救邢存衛，結果，
齊國的拯救一方面使得周之邦國免於戎狄的蹂躪，另一方面也提高了
齊國在中原諸國中的威信。齊國一面抗擊北方的戎狄，一方面抵擋南
方楚國對中原的進攻。楚在春秋已是文化發展水準很高的民族，應屬
華夏族之一部。但楚地處南方，受群蠻、百濮包圍，衣服語言具有南
方民族特色，不同於中原，所以自稱「我蠻夷也」[62]。春秋時期，楚
國在南方休養生息，逐漸強大之後，意欲北進，成為齊國的對手。齊
國與楚國的爭鬥不可避免。《左傳》僖公四年記載：「四年春，齊侯以
諸侯之師侵蔡，蔡潰遂伐楚。楚子使與師言曰：君處北海，寡人處南
海，唯是風馬牛不相及，不虞君之涉吾地也，何故？楚人又說：君若
以德綏諸侯，誰敢不服？君若以力，楚國方城以為城，漢水以為池，
雖眾，無所用之。」齊楚兩國勢均力敵，大的戰爭會導致兩敗俱傷。
後來，兩國舉行了召陵之盟。這次盟會，齊國雖未能完全壓服楚國，
但在事實上遏制了楚國北進的勢頭。關於齊桓公之於華夏文化的貢
獻，顧頡剛先生曾指出：「為了周平王的微弱，鄭莊公的強暴，使得
中原諸國化作一盤散沙，而楚人的勢力這般強盛，戎狄的馳騁又這等
自由，夏商周以來積累了千餘年的文化真動搖了。齊桓公處於如此艱

---

62 《史記・楚世家》。

危的時局，靠著自己的國力和一班好輔佐，創造出『霸』的新政治來，維持諸夏的組織和文化，使得各國人民在這均勢小康的機構之下慢慢作內部的發育，擴充智慧，融合情感，整齊國紀，畫一民志，所以霸政行了百餘年，文化的進步真是快極了，戰國時代燦爛的建設便是孕育在那時的。這真是中國歷史上一個該注意的人物！……可憐桓公一死，中原諸國依然是一盤散沙。……齊桓公的霸業已全部倒壞了。在這間不容髮的時候，黃河上游的唯一姬姓大國而且有大才幹的君主晉文公就接從齊桓公而起，擔負了第二度尊王攘夷的責任。」

　　晉文公稱霸之前，楚國勢力北上，狄人南下，這種形式較齊桓公稱霸時，更加險惡。晉文公執掌國政後，史書記載他「救乏振滯，匡困資無，輕關易道，通商寬農，懋穡勸分，省用足財」，這樣的政策有利於生產的發展，使「政平民阜，財用不匱」[63]，為霸業打下了基礎。晉文公之時，國力強盛，打退了狄族，對於狄人的南下起到了抵擋作用。晉文公稱霸中原時，楚國的國力也很強盛。楚國北上，勢必與晉為敵。西元前六三二年，晉人聯合秦、齊、宋，出兵車七〇〇乘，與楚國在城濮展開了決戰，楚師敗績。城濮之戰是春秋前期最大的一次戰爭，楚國在擴張中遭到嚴重打擊。關於晉文公在保護華夏文化中的作用，顧頡剛先生說：「晉文公的主要功績是城濮之役遏住了楚國，使他們不得向北發展。晉襄公的主要功績是崤之役遏住了秦國，使他們不得向東發展。有了他們父子，春秋時的中原諸國才獲得休養生息的機會，才漸漸孕育了後來諸子百家的燦爛文化。而且秦晉兩國又有同樣的成就，秦的成就是融化了西戎，晉的成就是融化了狄人……秦晉兩國都費了長期的心思和勞力去經略他們，名義上是把這些部落一個個的剪滅，而實際上卻是把全部戎狄民眾的文化提高了，

63　《國語・晉語》四。

好使他們和中原民眾站在平等的地位。到戰國時就再沒有所謂『華夏』和『戎狄』的區別了。」[64]

諸夏內部文化的交流、匯合,加之諸夏與其他少數族文化的融合,使得一個並非單純的夏、商、周,也非單純的蠻夷戎狄,而是融合了所有諸族的華夏族逐漸形成。

戰國時期的民族融合,其程度更深,其範圍更廣。春秋時期的五霸至戰國時期演變為齊、魯、燕、韓、趙、魏、秦七個大國。不斷的爭霸戰爭,在客觀上造成了民族大遷徙、大交流,華夏族與其他少數民族接觸頻繁,從而密切了華夏族與其他各族的聯繫。例如,戰國時期趙國與周邊少數族的關係既有爭鬥又有融合。趙國被中山、燕、林胡、樓煩、東胡等少數族國家包圍。特別是中山國,本為白狄之一支,戰國時期力量強大,為趙的心腹之患。趙武靈王即位(西元前325年)後,他的目標是「兼戎取代,以攘諸胡」,但情況沒有得到根本改變。在繼位十八年後,他放棄了中原傳統的衣冠制度和作戰形式,開始學習北方遊牧族軍事上的優點,推行「胡服騎射」,改中原地區的寬袖長袍為短衣緊袖、皮帶束身、腳穿皮靴的胡服,適應了騎戰的需要。趙武靈王決心施行胡服騎射之時,曾諮詢臣下的意見,肥義即以「昔者舜舞有苗,禹袒裸國」[65],古代的聖賢舜禹亦不以正宗自矜而吸收少數族文化,採納少數族禮俗來鼓勵靈王推行改革。趙武靈王及其臣下在眾人反對的情況下,能夠對中原正統文化進行改革,吸收少數族文化因素,實是戰國時期民族文化融合的典型範例。

隨著各民族交往聯繫的頻繁,相互學習,相互促進,使整個社會經濟獲得了發展,各族融合,形成了以秦、楚、晉、燕、齊等為中心

---

64 顧頡剛:《秦與晉的崛起和晉文公的霸業》,收入《顧頡剛古史論文集》,第二冊,中華書局1988年版,第376-377頁。

65 《史記・趙世家》。

的融合區域。當時東夷族多融於齊與魯，東北諸族則融合於燕，而中原的韓、趙、魏則吸收了居住於黃河流域、乃至北方的少數族。南方的楚國與西部的秦國，在諸侯角逐中發展壯大，楚先後打敗、征服長江流域的諸蠻、群濮以及淮河流域的夷人，將其融入自己的族群系統中。雄踞西方的秦國，本為文化落後而為中原各國所鄙視，在經過一系列的變革中，蛻變為最為強大的國家。在與西方諸戎的爭鬥中，不斷吸收戎族的力量而壯大自我，成為西戎融合的中心，為後代統一中國奠定了基礎。

　　從春秋初的上百個邦國，到戰國時期而為十幾個大國，表明地區性的統一已經完成。這種區域性的融合，為華夏族的整體融合，提供了可能。在爭鬥與融合中，一個新的民族華夏民族形成了。

　　在現實的層面上，華夏民族的融合已然完成，但各族屬之間在心理上、觀念上的相互認同更為重要。唯有心理上、觀念上的相互認可，地域的融合、統一才能夠穩固，才能夠禁得起歷史風雨的考驗。春秋戰國時期在古史記述領域出現了一種值得注意的現象：將本不相干的族屬重新組織、編排，使得他們看上去好像原本就是一個統一體。具體來說，就是春秋戰國時期的古史將原本不相統屬的各個族屬的始祖追溯為一家，從而造成所有不同族屬皆有共同祖先的事實。在這一方面，戰國時期所造成的兩大始祖就是顓頊和帝嚳，進而在他們之上，又有共同的祖先——黃帝。共同始祖的追認，在事實上為各族群心理方面的認同提供了最大的可能。經過戰國時人的改造，兩大系統基本劃清，屬於顓頊系統的有楚、秦、趙、越、匈奴、齊，屬於帝嚳一系的則有商、周，如是，融合的任務基本完成。「但他們還覺得不滿意，以為這兩枝必須並到一幹上才好」[66]，即兩個始祖還不完

---

66 顧頡剛：《崔東壁遺書序》，參見崔述撰著、顧頡剛編訂：《崔東壁遺書》，上海古籍出版社1983年版，第11頁。

善，必須歸於一個祖先才算完滿。於是，黃帝應運而生。與孔門七十子及其後學密切相關的《五帝德》中，記載孔子的學生宰我向老師詢問顓頊和帝嚳，孔子說：「顓頊，黃帝之孫，昌意之子也。」這是黃帝生昌意，昌意生顓頊的一支；帝嚳則是「元囂之孫，蟜極之子也」。《帝系》又說「黃帝產元囂，元囂產蟜極，蟜極產高辛，是為帝嚳」。這是黃帝生元囂，元囂生蟜極，蟜極生帝嚳的另一支。這樣，「顓頊和帝嚳就成了同氣連枝的叔侄。二千餘年來，大家都自以為是黃帝的子孫，原因就在這裡」。兩大系統終於合二為一，全部出於黃帝這個共同的祖先了。不但如此，戰國時人還「把四方小部族的祖先排列起來，使橫的系統變成了縱的系統……這樣一來，任何異種族異文化的古人都聯串到諸夏民族與中原文化的系統裡」[67]。

除了有共同的始祖，民族的融合還仰賴於共同的生活地域。而這個共同的地域，在古人的觀念中，也經歷了不斷的發展完善過程。顧頡剛先生的研究指出，隨著種族的融合，古人的觀念中的古代疆域也隨之發展。夏、商、周勢力所及，按照孟子所說「夏後、殷、周之盛，地未有過千里者」[68]，夏、商、周三族生活的疆域並不廣大。但自秦始皇成就了統一功業後，情況發生了變化。古人再追溯古代的疆域時，就不再是地方僅千里了。如《五帝德》說「顓頊……北至於幽陵，南至於交趾，西濟於流沙，東至於蟠木；動靜之物，大小之神，日月所照，莫不砥礪」，「禹……巡九州，通九道，陂九澤，度九山，……據四海，平九州，戴九天；……四海之內，舟車所至，莫不賓服」。將五帝時代的地域誇大為秦始皇統一中國以後的疆域。《堯典》和《禹貢》劃分出九州，《爾雅·釋地》也說「從《釋地》以下至九河，皆禹所名也」，古代疆域似乎由禹而定立。

---

67 顧頡剛：《崔東壁遺書序》，參見崔述撰著、顧頡剛編訂：《崔東壁遺書》，第12頁。
68 《孟子·公孫醜上》。

　　由此，顧頡剛曾經指出「戰國、秦、漢之間，造成了兩個大偶像：種族的偶像是黃帝，疆域的偶像是禹。這是使中國之所以為中國的；這是使中國人之所以為中國人的。二千餘年來，中國的種族和疆域所以沒有多大的變化，就因這兩個大偶像已規定了一個型式。除了外族進來混合在中國人的集團裡之外，中國人總不願把這個舊型式有所改變。所以雖不會很縮小，也不會很擴張了」[69]。黃帝與大禹，本是春秋戰國時人托古的結果。但對於華夏民族的融合，則起到了關鍵性的作用。戰國秦漢時期，正是以漢民族為主導的華夏族形成的關鍵時期，在精神的層面上塑造出華夏族的共同始祖黃帝、在地域的層面上塑造出華夏的共同區域九州的概念，的確起到了強化民族融合與疆域穩固的作用。黃帝與大禹從此成為人們觀念中堅不可移的兩個概念，成為華夏民族團結一致的向心所在。

（三）秦漢帝國的形成與特徵

　　秦帝國開創了中國歷史上中央集權的大一統政治格局，對後世影響深遠。西漢時期，文帝、景帝、武帝採取諸多措施，進一步鞏固了大一統局面。「天下一家」的觀念，在秦漢時期逐漸由一種政治認同昇華為民族的文化精神認同，成為中華民族凝聚的紐帶與維護國家統一的精神支柱。

1 秦帝國的國家解體及其深遠影響

　　西元前二二一年，秦王嬴政「奮六世之餘烈，振長策而御宇內，吞二周而亡諸侯，履至尊而制六合，執棰拊以鞭笞天下，威振四海。」[70]賈誼以氣勢恢宏的語言，極力讚美秦朝統一這個亘古未有的世

---

69 顧頡剛：《崔東壁遺書序》，參見崔述撰著、顧頡剛編訂：《崔東壁遺書》，第13頁。
70 《新書》卷一。

道巨變。秦始皇「平定天下，海內為郡縣，法令由一統」，建立了中國歷史上第一個統一的多民族中央集權的地主封建制國家，開創了前無古人的大一統的政治局面。唐代大詩人李白有詩贊曰：「秦王掃六合，虎視何雄哉！揮劍決浮雲，諸侯盡西來。明斷自天啟，大略駕群才。收兵鑄金人，函谷正東開。」[71]可見，秦始皇的文治武功給後人造成的精神震撼，很久之後，仍回蕩在歷史的時空中。秦朝開創的大一統政治局面，其意義主要體現在以下三個方面：奠定了我國統一的多民族國家的基礎；開創了中國政治制度；決定了中國學術思想的走向[72]。

但是建國之後，秦帝國浩劫民力，引發了全國範圍內的大起義。在秦末農民戰爭中，東方六國貴族的餘孽趁機想復興封建舊制。「然秦帝國對封建貴族打擊甚重，經過秦的郡縣制，舊的貴族封建制再無翻身之機緣」。[73]甚至即使在秦末亂世，「若論其時中國民族精神，則正彌滿活躍，絕無衰象。……及秦亂，中國之民，又相率避地奔亡。然皆能自立塞外，播華族之文風，化榛莽為同域。即此一端，可征華族優秀天資，當秦季世，尚見蓬勃進取之跡也。」[74]因此，雖然秦帝國迅速衰亡，但秦人所開創的大一統的局面卻影響深遠。

首先，奠定了我國統一的多民族國家的基礎。秦建立之後，「六合之內，皇帝之土」[75]，統一國家已經彌合了先秦時期「中國」與夷狄地域上的界限。為開發與鞏固邊疆地區，秦朝遷移內地居民到邊疆戍邊屯墾。華夏族與周邊少數民族雜居在一起，促進了漢族與中華民族的形成。在大一統國家裡，各族人民使用同樣的文字，享有共同的

---

71 《全唐詩》卷161。

72 錢穆：《國史大綱》，商務印書館1996年版，第116-120頁。

73 錢穆：《秦漢史》，生活・讀書・新知三聯書店2004年版，第35頁。

74 錢穆：《秦漢史》，第39頁。

75 《史記・秦始皇本紀》引秦琅琊刻石。

文化資源。「中國」文化內涵也就隨之擴展為秦帝國控制區的地域概念。中國長達數千年的歷史上，有過三次從根本上改變了中國的政治和社會結構的大革命。第一次就是秦朝的統一，結束了領主封建制，創立了中央集權的帝國。中國由分封制的國家改變為中央集權制的帝國。中國的英文名字 China，就是由秦而來的。[76]西方學者以「秦」帝國作為「中國」英譯詞，可見，秦的統一足以影響整個世界。先秦時期，人們嚮往的「天下一家」終於變為了現實，從此，「中國」真正成為地域上、文化上的統一國家概念，「天下一家」的「中國人」成為中華民族的身分標識與共有的精神家園。

其次，為與大一統的國家相適應，秦帝國開創了一系列新的政治制度。後世傳統社會的政治制度大多都可以追溯到這裡。首先，秦帝國確立了「皇帝」稱號；其次，中央政府設三公：丞相、太尉、御史大夫，丞相是最高的行政長官，輔佐皇帝處理全國政務，太尉掌管軍事，御史大夫掌管監察。三公皆對皇帝負責，由皇帝任命。地方政府廢除封建，實行郡縣制。郡的長官稱郡守，縣的長官稱縣令，其任命、升遷、賞罰全繫於皇帝一人之手。這樣，各級官吏廢除了世襲制，從制度上有效防止地方上形成累積的宗親與貴族勢力，與中央相對抗，郡縣制是秦朝吸取了周朝諸侯征伐、政令不暢的歷史教訓，而推行的新的中央集權形式的管理體制。如李斯所言：「天下無異議，安寧之術也」[77]。從此郡縣制成為中國地方管理體制的定制，有效地維護了中央集權與國家統一。

此外，為了鞏固政治上的統一局面，秦帝國在經濟、思想文化等

76　〔美〕斯坦夫里阿諾斯：《全球通史：從史前到21世紀》，吳象嬰譯，北京大學出版社2006年版，第160、162頁。

77　《史記‧秦始皇本紀》。

領域也頒布了諸多政令。秦朝政府「一法度衡石丈尺」[78]，「同律度、量、衡」[79]。度、量、衡與貨幣的統一，為擴展經濟發展空間與經濟交流提供了制度保障。古代的兩輪車在鬆軟的土地上會留下很深的車轍，車子順著同樣寬度的車轍行走才更為便利。秦政府下令「車同軌」，全國車子的軸距相同，方便了各地的交通運輸往來，有力的保障了經濟的集中化。在交通基礎設施建設方面，秦帝國修築了以首都咸陽為中心，通往各地的馳道。「秦為馳道於天下，東窮燕齊，南極吳楚，江湖之上，瀕海之觀畢至。道廣五十步，三丈而樹，厚築其外，隱以金椎，樹以青松。」[80]秦帝國修築馳道的直接目的是為了便於皇帝出行，巡視天下，但客觀上也起到了加強國家統一，便於交通的作用。戰國時期，各國文字寫法不同，不但妨礙政令的執行，也不利於各地人們的經濟文化交流。秦朝建立之後，文字的統一與標準化工作迅速提到國家日程上來。秦始皇下令「書同文字」[81]，以秦國使用的小篆作為全國的標準文字。同時，令李斯、趙高、胡毋敬分別用小篆編寫了《倉頡篇》、《爰歷篇》、《博學篇》，作為小篆標準的範本，發布全國，推廣使用。小篆通行之時，又出現了比小篆更加簡便的新書體——隸書。無論後來漢字的字體怎麼變，但漢字作為中華民族的文化載體沒有變，作為維繫國家統一與民族團結的精神紐帶沒有變。美國學者斯坦夫里阿諾斯指出：「秦朝這種新的統一文字是所有受過教育的中國人都能閱讀並理解的，儘管他們所操的方言常常彼此聽不懂。這種文字對中國後來的民族統一，對中國文化對整個東亞的影響來說，其重要性是不難想像的。」[82]

---

78 《史記・秦始皇本紀》。

79 《史記・封禪書》。

80 《漢書・賈山傳》。

81 《史記・秦始皇本紀》。

82 〔美〕斯坦夫里阿諾斯：《全球通史：從史前到21世紀》，第160-161頁。

　　秦的統一，起初雖然是以武力實現的強制性的政治統一，而這種統一順應了廣大人民渴望統一與和平的願望，由諸多制度開創的「大一統」的政治認同，逐漸轉化為普遍的文化認同，由此上升為自覺的精神認同。中華民族「天下一家」的統一精神由此蓬勃而興。有了這種自覺的「統一」精神認同感，秦以後，中國歷史上雖然經歷了分裂的苦痛，但是統一時期遠長於分裂時期，主張統一的勢力遠大於分裂的勢力。從世界意義上來說，北方蠻族的入侵給亞歐大陸各民族造成了深遠影響，甚至摧毀了古羅馬文明，歐洲分裂為若干個小國。但在中國卻出現了完全不同的結果中華文明的連續性發展進程一直沒有中斷。

2 漢帝國中央集權的加強及與西方的溝通

　　西元前二○二年，劉邦戰勝項羽，建立了大一統的漢帝國，徹底粉碎了六國諸侯後裔企圖重建封建的夢想。

　　漢武帝時期，中央集權進一步加強，儒家思想被定為一尊。儒學的復興，與漢人總結秦亡的經驗是分不開的。秦王掃六合，無人能抵禦，其帝國大廈將傾，亦無人能扶，可謂「飄風不終朝，驟雨不終日」[83]。強秦短命而亡，為漢代儒家的翻身提供了最正當的理由。堅守儒家理想的陸賈，在漢高祖面前不厭其煩的勸說，國家應該推行儒家的仁義教化思想。「秦二世尚刑而亡。故虐行則怨積，德布則功興，百姓以德附……萬世不亂，仁義之所治也。」[84]另外一個理想主義者賈誼，著《過秦論》，詳細闡述了「仁義不施，而攻守之勢異也」的道理。但陸賈、賈誼不懂變通，再加上漢初形勢的制約，他們

83　《老子》第23章。

84　《新語‧道基》。

的呼籲效果並不理想。另外一個儒者叔孫通沒有正面勸帝王接納儒學，而是採取為漢制定朝儀的方式，使漢高祖切身體會到儒學帶給皇帝的尊貴與榮耀。高祖與群臣在長樂宮以叔孫通所制朝儀，行君臣之禮，「竟朝置酒，無敢喧嘩失禮者」。於是高帝曰：「吾乃今日知為皇帝之貴也。」[85]可見，朝儀對於維護皇帝的權威，起到了制度化與規範化的作用，深得皇帝喜愛。叔孫通以迎合統治者的手段博取功名，被有的儒家學者視為叛逆，但叔孫通更懂得如何與沒有文化教養的統治者合作。他的做法比陸賈、賈誼更有成效，在客觀上推動了漢帝國對儒學的重視。漢高祖過魯，「乙太牢祠」孔子，開歷代帝王祭祀孔子之先河。這不能不說，漢高祖心目中的儒家形象正因叔孫通的出現而改變。司馬遷評價叔孫通曰：「希世度務，制禮進退，與時變化，卒為漢家儒宗」[86]，此誠為不虛之論。如果說叔孫通為漢家制定禮儀，引起了統治者對儒家的另眼相看，那麼，董仲舒對儒學的理論改造，則為統治者準備了治國理論。

董仲舒以儒家思想為主，又吸納了陰陽家、道家、法家等學說，融攝自然與社會，天道與人道，架構了一種宏大的宇宙社會與人生體系的新儒學理論。這個具有相容性的新儒學圍繞大一統的政治學說，包含神權與君權的關係，倫理秩序、文化秩序以及思想統一的意義等國家長治久安的大問題。元光元年（西元前134年），漢武帝舉行大規模的舉賢良對策，在眾多儒生中，董仲舒脫穎而出。董仲舒建議漢武帝：「《春秋》大一統者，天地之常經，古今之通誼也。今師異道，人異論，百家殊方，指意不同，是以上亡以持一統；法制數變，下不知所守。臣愚以為，諸不在六藝之科、孔子之術者，皆絕其道，勿使並

---

85 《史記‧叔孫通列傳》。
86 《史記‧叔孫通列傳》。

進。邪辟之說滅息，然後統紀可一而法度可明，民知所從矣。」[87]這段話出自董仲舒上書漢武帝的《天人三策》，明確提出了「罷黜百家，獨尊儒術」的建議。董仲舒以《春秋》大一統作為吸引皇帝的亮點，提出思想領域的統一問題。意在表明百家之學不能齊頭並進，要獨尊「六藝」之儒學。

　　漢武帝毅然採納了董仲舒的提議，「卓然罷黜百家，表章六經」[88]。因而，在儒家學術思想史上，董仲舒就成了為儒學贏得地位的英雄。「仲舒遭漢承秦滅學之後，六經離析，下帷發憤，潛心大業，令後學者有所統壹，為群儒首。」[89]「孔子之文在仲舒」[90]。此外，漢武帝還立五經博士，設太學，傳承儒家六藝之學。這標誌著儒家思想在漢武帝時期被正式確立為漢帝國的指導思想。雖然漢代儒學內部尚有今古文經之爭，但這並不影響儒學走向獨尊地位。居於統治地位的今文經學可以借助儒學占據意識形態主導地位的優勢，進一步在國家禮制、文官制度、教育體制等領域滲透其影響。儒家思想的實踐性格及其對人生諸多問題的涵蓋，使它在漢代思想文化的選擇中，居於主流地位。漢代儒學在建設大一統帝國的歷史進程中，逐漸把儒家思想拓展到社會各個領域與階層，儒學開始在民族心理、性格上打上了難以磨滅的印痕，並從此不易被外來勢力所動搖，[91]成為中華民族的共有文化資源與精神支柱。

　　漢武帝時期，國力強盛，為解決匈奴問題以及「鑿空」西域做好了充分準備。這個時期，湧現出諸多文臣武將，皆以抵禦匈奴、建立

87　《漢書・董仲舒傳》。

88　《漢書・武帝紀》。

89　《漢書・董仲舒傳》。

90　《論衡・超奇篇》。

91　李澤厚：《中國古代思想史論》，生活・讀書・新知三聯書店2008年版，第182頁。

功業、報效國家為實現個人價值的途徑。《後漢書‧班超傳》論曰：「漢世有發憤張膽，爭膏身於夷狄以要功名，多矣。」在抵禦匈奴的戰爭中，尤以衛青、霍去病、李廣、蘇武等人為代表，他們以在抵禦外辱的鬥爭中展現出來的自強不息的開拓進取精神而彪炳史冊。

漢武帝時期，隨著疆域的開拓，華夏族活動範圍日漸擴大，其影響也隨之擴展，形成了新的民族——漢族。漢族又與匈奴族、西域各族等少數民族相融合，組成以漢族為主體，以少數民族為重要組成部分的中華民族。西漢時期，漢族與匈奴族的關係主要表現為戰爭，談不上民族融合。東漢時期，南部匈奴內遷，服從漢帝國的統治。匈奴族逐漸學習並認同漢文化。標誌著匈奴融入了中華民族大家庭。漢帝國在北線與匈奴作戰的同時，在西線對西域的經營取得了巨大成功。

西域，泛指敦煌陽關、玉門關以西的廣大地區。秦漢時期，西域各族有三十六個國家。張騫出使西域之前，漢帝國通往西域的道路還沒有打通。出於抗擊匈奴的戰略需要，漢武帝派探險家張騫出使西域。陌生的西域對張騫等人來說，無疑是一次嚴峻的考驗。但張騫毅然接受了這個任務，招募勇士百餘人，於西元前一三八年，開始了這次極富有挑戰性的西行探險。途徑匈奴統治區時，張騫被扣押十餘年，後得以逃脫，歷經磨難，到達西域。雖然聯合大月氏人共同進攻匈奴的願望沒有實現，但張騫卻不虛此行。他在西域的經歷與見聞，為漢朝開發西域提供了第一手資料。西元前一一九年，漢武帝派張騫組建更大規模的使團，第二次出使西域。他們帶去了大批內地物產，到西域各國分頭活動，增進了漢族與西域各族人民的感情。

張騫出使西域，在當地廣泛傳播了漢文化。內地的物產品種、鑿井技術傳入西域，提高了西域人民的生產生活水準。打通西域交通線之後，西域主要國家，如大宛、康居、月氏、大夏與西漢政府建立了正式外交關係。西元前六十年，西漢設置西域都護府，開始實行對西

域各族的政治軍事管轄。這標誌著西域正式成為漢帝國疆域的一個重要組成部分。至此，在秦帝國疆域基礎上，漢帝國又邁出了重要的一步。西漢以西域為根據地，繼續往西方探險，開拓通往西方的道路。漢人到達安息（波斯）、身毒（印度）、埃及等地，駝鈴聲聲，把中國的絲綢、瓷器等物產帶到西方，把西方的香料等洋貨帶回中國。由此開闢出來一條貫穿亞歐大陸交通線——絲綢之路。沿著絲綢之路，西漢開拓進取之精神在亞歐大陸更廣闊的異域他鄉傳播開來。

　　兩漢之際，漢朝與西域之間的統轄關係一度中斷。東漢歷史上出現了一位經營西域的勇士——班超。班超在少年時代，曾歎曰：「大丈夫無它志略，猶當效傅介子、張騫立功異域，以取封侯，安能久事筆研間乎？」[92] 遂投筆從戎，以「不入虎穴，不得虎子」的膽識與勇氣，治理西域三十一年。班超重建了中央政府對西域的統治，進一步融合了漢族與西域各族的民族團結。西域各族人民逐漸認同了漢族文化，成為中華民族新的成員。從《漢書》、《後漢書》的少數列傳中，還可以發現，除了匈奴、西域各族，還有羌族等少數民族在秦漢時期納入了中華民族。

　　關於華夏民族的開拓與進取精神，錢穆先生說「中華民族不斷吸收、不斷融合，和不斷的擴大與更新中。但同時他的主幹大流，永遠存在，而且極明顯的存在，並不為他繼續不斷地所容納的心流所吞滅或沖散。可以說，中華民族是稟有堅強的持續性，而同時又具有偉大的同化力。」[93] 西漢時人以其特有的開拓與相容精神，使華夏不僅在邊疆地區的拓展、民族融合方面取得了偉大成就，還促進了物質、文化發展的大進步。

92　《後漢書・班超傳》。

93　錢穆：《中國文化史導論》，商務印書館1994年版，第23頁。

二 古代西方歷史概論

（一）西元前五世紀以前的希臘國家

1 希臘早期國家的形成

　　古代希臘是西方文明的發源地，在世界文明發展史上處於重要地位。古希臘人因培植出遠遠超乎於他們所處時代的成熟文明而受到世人的稱頌。人們不時地從希臘文明中吸取他們所需要的養分和經驗。所以，我們可以毫不客氣地說，由希臘人創造的希臘精神和希臘奇蹟不但改變了古代希臘的地位，而且也為西方文明的不斷發展提供了永不枯竭的源泉。

　　希臘半島是希臘文明的中心，希臘人生活和工作的主要舞臺。這裡氣候相對溫和，但土地貧瘠、適宜耕種的平原較少，不利於農業的發展。荒涼的多山地常常把平原分割成塊，既影響了各地間陸上的交通，也影響了當地人之間的相互交往。不過，半島的外部條件比較優越，它東臨愛琴海，西接愛奧尼亞海。半島東部港灣眾多，古代希臘人從這裡出發，航行於愛琴海，向東北越過赫勒斯旁海峽和博斯普魯斯海峽可進入黑海；向東可以到達小亞細亞和兩河流域；向南經克里特島可達世界文明古國埃及；往西經愛奧尼亞海可到南義大利和西西里島。海上航海的便利，對於希臘人吸取更好的人類文明成果、養成「世界主義」的情懷有特別重要的意義。

　　古希臘的文明史是從愛琴文明開始的，所謂愛琴文明就是指愛琴海地區的青銅文明。克里特（Crete）文明和邁錫尼（Mycenaen）文明就是這一青銅文明的主要代表。

　　克里特島位於地中海東部，是愛琴海上的最大島嶼。荷馬史詩記載，它「位於深紅葡萄酒色的海中，有一片美麗、富饒的土地。它四

面環水：島上的人多得說不清，城市有九十個。」[94]大約從一九○○年開始，考古學家就在這裡進行了一系列的發掘，結果發現，早在西元前二十世紀左右，這裡就出現了由農村公社結合而成的最早的城市國家。克里特文明的中心是克諾索斯（Knossos）城。城中的王宮遺址屬於多層式，房間回廊曲折相通，內部結構複雜巧妙。遺址中有國王的寶殿、接待室、起居室，而且還有龐大的倉庫和手工作坊。王宮中央還修有實用的取水和排水系統。在王宮的牆上、出土的器皿上都有各種各樣表現自然景物的繪畫藝術，其中以海中植物如貝類、海豚等最多。克諾索斯的王宮面積巨大，結構宏偉，其建築顯然不可能是少數人所為。它的存在表明，在當時克里特島上已經出現了嚴重的階級分化，統治者在社會中占著重要的地位，過著奢侈的生活。

在克里特文明時代，社會生活豐富多彩。婦女在這裡享有崇高的社會地位。壁畫中的克里特婦女衣著華麗，舉止優雅。在一些壁畫中我們可以看到，婦女們擠滿了鬥牛場的露天看臺，有些甚至實際參加與牛角力的活動；宗教在社會生活中的作用較小。在這裡，人們沒有給自然和宇宙之神建造宏大的廟宇。規模宏大的王宮中只有很小的一間祭室，祭品則主要是農產品，少有用人或大批動物作祭品的跡象。這與兩河流域和埃及文明的情況形成鮮明的對比。在經濟生活方面，克里特島的人們或從事農耕，或從事漁業，也有一部分從事航海業，他們駕著單桅帆船，載著各地的奇貨異物，往返穿梭於地中海世界。隨著交往的發展，這時出現了線形文字（Linear），在考古學上稱為線形文字 A。到一九六三年，人們已經發現了二二○塊由線型文字 A 寫成的銘文材料。銘文大部分發現於亞基亞－特里亞達地區，這說明它是克里特當地居民的日常使用文字。遺憾的是，這種文字至今都

---

94 〔古希臘〕荷馬：《奧德賽》，XIX，第172-177頁。〔無版本。〕

還沒有釋讀成功。克里特文明的創造者不是希臘人，他們所使用的語言也不是希臘語，但可以肯定，他們所創造的文化是希臘人接觸的最早最重要的文化，對後來的希臘文化影響深刻。

約西元前一四五〇年，克里特文明遭破壞，造成破壞的原因不詳。一種觀點認為是由自然災害造成的，克里特北部的特拉（Thera）火山爆發造成了巨大的海嘯，而濃密的火山灰覆蓋了整個克里特島。其推理的根據是米諾斯宮殿基礎的鬆動；另一種觀點則根據宮殿上遺留下來的火焰痕跡，認為克里特文明的毀滅主要是由於巴爾幹半島的希臘人對克里特的入侵。隨著克里特文明的衰落，愛琴文明的中心地也開始由克里特轉入邁錫尼。

邁錫尼文明是西元前十五世紀至前十二世紀阿卡亞人於南希臘的邁錫尼、派羅斯（Pylos）等地建立的青銅文明，其中以邁錫尼為其主要代表。

邁錫尼遺址的發現者是德國人謝里曼（Heinrich Schliemann），後來，英國和美國學者都對相鄰地區進行了更為深入的發掘，使邁錫尼文明的內容越來越豐富。反映邁錫尼文明的主要有貴族或國王的墳墓、堅固的城堡、地域分布較廣的陶器以及不同於線形文字 A 在考古學上稱之為線形文字 B 的文字。線形文字 B 已於1952年被英國建築家兼古典學者文特里斯（Michael Ventris）等釋讀成功。它的釋讀成功為我們進一步解開邁錫尼文明內部的秘密創造了條件。邁錫尼文明存在了三個世紀左右，大約在西元前十二世紀被來自希臘北部的另一部落多利亞人（Doria）所滅，邁錫尼文明中斷。

毀滅邁錫尼文明的多利亞人無論在經濟上還是在社會關係上都比邁錫尼落後，希臘社會重新經歷了一個曲折的發展過程。歷史上把多利亞人南下以後的時代稱作「荷馬時代」。它是希臘歷史上的「黑暗時代」，相當於西元前十一至前九世紀。當時的生產力水準大大下

滑，政治和經濟生活都倒退到了原始的氏族部落階段。

　　從西元前八世紀開始，希臘半島的社會經濟情況有了明顯的改變，人口不斷增加，農業技術得到顯著的改進，城市文明逐漸出現。大致說來，最早建立城市國家的有：科林斯、麥加拉、雅典、斯巴達、阿爾戈斯、奧林匹亞、底比斯、特爾斐、拉利薩以及小亞細亞西岸的米利都、愛菲索、士麥拿等。根據希羅多德的說法：「當時整個希臘族非常弱小，而愛奧尼亞人在所有希臘人中，又是最弱，最不受重視。他們除去雅典以外，沒有一座比較像樣的城市。因之雅典人和其他地方的愛奧尼亞人都不喜歡被人稱之為愛奧尼亞人。」[95]至西元前六世紀中葉，不同類型的城市國家在希臘猶如雨後春筍。據估計，希臘人在半島上建立的國家大約為六百至七百個，加上海外建立的國家總數就達一千五百多個。[96]它們密密麻麻、星羅棋布，點綴在遼闊的地中海上，形成了西方古典世界一道亮麗的風景。

　　當然，希臘世界的國家由於形成的途徑和治理方式不同，所以，政治體制和政治生活也不一樣。但無論是哪一種政治體制，哪一種生活方式，強大的公民集體始終是希臘早期國家存在和發展的基礎，而希臘國家在某種意義上又是公民自治團體在法律之下分享權利和義務的一種政治形式。

　　根據國家形成的途徑，古希臘國家一般可以分為以下幾種類型：

　　第一類國家是由氏族社會發展而來的，是氏族內部分化、矛盾的結果。這些國家一般是通過一系列改革來逐漸廢除氏族制度，建立新的社會關係和國家制度。雅典是這方面的典型。雅典位於中希臘的阿

95　〔古希臘〕希羅多德：《歷史》，I，第143頁。〔無版本，確定不是商務1959年版〕

96　Chester G.Starr: Individual and Community—The Rise of the Polis (800-500B.C.) (《個人與共同體——希臘城邦的興起（800-500B.C.)》)，Oxford University Press, 1986, P.46.

提卡地區，大約在西元前一六○○年左右，愛奧尼亞人進入阿提卡，過著氏族部落制生活。到荷馬時代，阿提卡一共有四個部落，十二個胞族和九十個氏族。各部落都有自己的管理機構，自己掌管自己的事務，有時還會發生一些戰爭。像所有的其他民族一樣，雅典的早期，也有過國王，不過它的王政統治似乎到西元前六八三年就結束了。相傳，在第十代國王提秀斯時，雅典曾進行了以雅典為中心的阿提卡地區的統一運動，即賽諾西辛（Synoecism）運動。[97]他廢除了阿提卡各城鎮的議事會和行政機構，設立了以雅典城為中心的中央議事會和行政機構，開始把阿提卡的各個氏族部落融合成一個民族。同時，按財產、地位和職業把阿提卡的居民分為貴族（Eupatriden）、農民（Geomoren）和手工業者（Demiurgen）三個等級，規定只有貴族才能擔任官職。提秀斯改革是雅典氏族內部階級分化的結果，而改革的結果又進一步促進了氏族內部兩大階級的對立。它是雅典國家開始萌芽的一個標誌。雅典國家初步形成以後，掌握政權的氏族貴族殘酷地壓迫、剝削農民和手工業者，導致阿提卡社會矛盾激化。為了平息西元前六世紀初阿提卡爆發的窮人和富人之間的激烈的社會鬥爭，梭倫（Solon）於西元前五九四年被授予最高權力——執政官。梭倫的最重要的措施就是頒布「解負令」，廢除土地債務奴役。這一結果大大地阻止了貴族兼併小農地產的速度，從而使小農地產基本上保持了穩定的狀況。與此同時，梭倫又剝奪了貴族對官職的壟斷權，按收入將雅典人口分為四個等級，並以此規定他們的權力與義務。前兩個等級可以擔任高級行政長官，第三等級可擔任低級行政長官，第四等級擁有公民大會的選舉權。梭倫認為，他給予雅典民眾的是適可而止，不讓任

---

97 直到修昔底德時期，雅典人還共同出資慶祝統一女神節（Synoecia），以紀念這次統一活動。

何一方不公正地占據優勢。[98]但實際上，這是很難做到的。不過，梭倫的這次改革對於雅典的社會影響還是巨大的。「在新憲法內，出生不再被列為什麼特權。階級尚存在，但按貧富而分別。從此貴族的統治壽終正寢。如果他沒有財富，貴族就一錢不值。人的尊貴由財富而非由出生決定。正像某位詩人所言：『貧窮的貴族一錢不值』。」[99]在此後的三十年裡，隨著雅典經濟和貿易的發展，雅典經歷了商業的快速發展時期，公民內部的社會衝突迅速加劇。西元前五九〇年和西元前五八六年雅典連執政官都選不出來。西元前五八一年當選的一個執政官在其任期屆滿後，不肯離職，造成社會一度混亂，就是在這種情況下，庇西特拉圖分別於西元前五六〇年和西元前五四一年兩度用武力奪取政權，實行僭主統治。在庇西特拉圖當政的時期，實行了一系列有利於小農的措施，其中著名的有以公共信貸的方式給雅典農民以直接的財政支持。這一措施有力地保證了雅典小農經濟的穩定，而小農經濟的穩定又為雅典軍事制度的發展奠定了堅實的經濟基礎。亞里斯多德曾對庇西特拉圖所施行的國政和目的作過詳細的評述，他說：「庇西特拉圖在憲法形式下溫和地處理城邦事務，比僭主制更開明；他仁愛溫厚，對過失者尤其寬大，他撥款借貸給貧民，以解決他們的產業之需，使他們能夠依靠農耕生活。他這樣做的目的有兩個，既防止他們逗留城市，而使之散居鄉村，又讓他們有小康之產，安心於自己的私人事務，而無心也沒有時間來留意公眾事情。而且由於土地得以充分耕耘，他的收入也隨之增加；因為他對各種產品徵收什一稅。」[100]庇

98　〔古希臘〕亞里斯多德：《雅典政制》，第12頁。〔無版本。已確定並非商務日知力野譯本。〕

99　〔法〕庫朗熱：《古代城邦：古希臘羅馬祭祀權利和政制研究》，譚立鑄譯，華東師範大學出版社2006年版，第266頁。譯文略有改動。

100　〔古希臘〕亞里斯多德：《雅典政制》，第16頁。〔無版本。已確定並非商務日知力野譯本。〕

西特拉圖死後，其子繼位，雅典政治又進入了較為混亂的時期。西元前五〇九年，克里斯提尼當選為首席執政官。他在梭倫改革的基礎上又對雅典的政治制度進行了改革。改革的內容主要包括：（1）把全阿提卡分為三十個區，其中十個區在雅典城及其周圍，十個區分布在沿海附近，另外十個區在內地。每三個不同的區合為一個地區部落，公民依地域參與當地事務的管理。新的十個地區部落的建立表明：以血緣為紐帶的雅典氏族制已經走到了盡頭。（2）建立了新的政府機構五百人會議。五百人會議由十個地區部落各選五十人組成，為公民大會準備決議，並執行公民大會的決議。克里斯提尼改革肅清了氏族制殘餘，結束了雅典平民反對貴族的鬥爭，完成了雅典由氏族向國家的過渡，雅典國家的建立是雅典階級矛盾不可調和的產物，但它的出現也確實推動了雅典經濟的發展，促進了雅典階級關係的變化。恩格斯在分析克里斯提尼改革後的雅典情況時，這樣說道：「現在社會制度和政治制度所賴以建立的階級對立，已經不再是貴族和平民之間的對立，而是奴隸和自由民之間的對立，被保護民和公民之間的對立了。」[101]由於雅典國家是「直接地主要地從氏族內部發展起來的階級對立中產生的」，因此，它具有明顯的典型性。

第二類國家起源於部族征服。這類國家既不像雅典那樣直接從氏族社會內部產生，也不是在氏族社會形成的一個集團同氏族社會以外另一個集團的對立鬥爭中產生。它是作為征服相鄰部族的廣大地區的直接結果而產生的。斯巴達就是這類國家的典型。約在西元前一〇〇〇年左右，斯巴達人的祖先多利亞人從北部來到土地肥沃的歐羅塔斯河流域，以武力往服了土著居民，把他們變為斯巴達公民們的集體奴隸，稱為「赫勞士（Helot）」。西元前八世紀後期，斯巴達人為了解

---

101 《馬克思恩格斯選集》，第4卷，第117頁。

決它的人口過剩和土地不足，又出兵西鄰，征服了西部的美塞尼亞（Messenia）。為了預防和鎮壓被征服者的反抗，斯巴達人逐步實現了內部的聯合，建立起統一的政治權力和國家機構。斯巴達的國家機構由國王、長老會議、公民大會和監察官組成。國王有二人，分別由二個家族世襲。他們的權力主要在於宗教和軍事方面。平時，國王的權力相當有限；戰時，由一人率軍作戰。當監察官權力擴大以後，國王的權力更受到了監察官的限制。長老會議是最高的權力機關，成員為三十人，其中包括國王二人以及年滿六十歲以上的貴族二十八人。這些貴族皆是百戰榮歸的解甲之士，他們有長期的治國經驗。斯巴達的所有國家事務都由長老會議討論決定，然後，交公民大會通過。長老會議也是斯巴達的最高司法機關，一切民事案件、刑事案件都由它來審理。公民大會一般由年滿三十歲以上的斯巴達男性公民組成。這些公民必須世居斯巴達，外僑在斯巴達不得享有公民權。公民大會對長老會議的提議有表決權，而無討論權。表決時以呼喊聲來決定表決的結果，聲高即表示通過。監察官共有五人，由公民大會選舉產生，一年一選，全由貴族充任。他們的職責是監督國王，審理國王的不法行為、監督公民生活和鎮壓赫勞士的反抗。從西元前七世紀後半葉起，他們的權力有了明顯的增加，取得了代替國王主持長老會議和公民大會的權力，同時也獲得了負責司法執行的權力。斯巴達人把他們的全部精力都放在軍事服役上面，對於政治運作一般不大重視。

這類國家由於內部的階級矛盾非常尖銳，所以不可避免地把統一和強權作為重要的政治目標，也不可避免地對個性的自由與獨立有所忽略。在政治體制上這類國家常常實行的是寡頭制，有較為明顯的專制與集權的傾向。

第三類是因為移民而產生的國家。米利都、敘拉古是其中的典型。顧名思義，這類國家建立於在前八至前六世紀希臘人的移民浪潮

之時。移民者每到新的居住地，為防禦當地人的攻擊和海盜劫掠，通常築城而居，逐漸地城堡內的移民形成了其自身的社會與政治的共同體，建立起政府機構，國家隨之形成。

西元前八至前六世紀的希臘移民運動與西元前十二世紀的部族大遷移不同，那是整個部族整個部族的集體遷移；它也和荷馬時代後期的移民不同，那是自發的、個別的活動，而且數量也很少。而這一時期的移民運動是早期國家發展的產物，是保證公民集體能夠繼續存在下去的重要手段，同時也是解決國家內部人口不斷增多的一種有效的方法。對此，希臘人自己就有過認識。修昔底德曾經寫過這麼一段話，他說：「希臘其他地方的人，因為戰爭或騷動而被驅逐的那些最有勢力的人，逃入雅典，把雅典作為他們的一個穩定的避難所。他們變為公民，使雅典的人口迅速增長。結果，阿提卡面積太小，無法容納這麼多的公民，最後，被迫將移民派遣到愛奧尼亞去了。」[102]馬克思對此也曾作過認真的研究，並對這一現象有過深刻的分析。馬克思說：

「在古代國家，在希臘和羅馬，採取週期性地建立殖民地形式的強迫移民是社會制度的一個固定的環節。這兩個國家的整個制度都是建立在人口的一定的限度上的，超過這個限度，古代文明就有毀滅的危險。為什麼會這樣呢？因為這些國家完全不知道在物質生產方面運用科學。為了保存自己的文明，它們只能有為數不多的公民，否則，它們就得遭受那種把自由民變為奴隸的沉重體力勞動的折磨。由於生產力不夠發展，公民權要由一種不可違反的一定的數量對比關係來決定。那時，唯一的出路就是強迫移民。」[103]母邦對於剛剛建立起來的殖民地常常給予很大的恩惠和幫助，「但卻視殖民地為已解放的兒子，

---

102 〔古希臘〕修昔底德：《伯羅奔尼薩斯戰爭史》，I，第2頁。〔無版本。〕
103 《馬克思恩格斯全集》，第8卷，人民出版社1961年版，第618-619頁。

不要求直接的統治。殖民地自決政體，自定法律，自選官吏，而且以獨立國資格向鄰國宣戰媾和，無需母市（邦）的承認或同意。」[104]

移民離開母邦遷居海外的原因很多，除了生產力不夠發達無法養活公民以外，還有其他方面的因素：有的是家鄉被異族侵占，不甘於受奴役而遠走他鄉；有的是因國內競爭失敗，或人口壓力被迫出走；有的則是因為國內發生了連續不斷的自然災害，等等。但不管什麼原因，殖民國家都是從母邦獨立出來的，是母邦在進入國家以後出現的現象。

應該說，西元前八至前六世紀的希臘國家的出現是與當時生產力的發展水準相適應的。在這期間，希臘製造了使用二百名水手的三層槳船，出現了較大規模的手工作坊和冶煉場，產生了更為先進的農業耕作方法，建造了宏大的神廟和運動場，西元前七七六年，希臘人在奧林比亞（Olympia）的小樹林中舉行了第一次體育運動會。大約在西元前七五〇年前後，希臘人又從腓尼基（Phoenicia）人那裡學到了書寫藝術，並在此基礎上創造了母音字母。這些都促進了體力勞動和腦力勞動的進一步分工。馬克思和恩格斯在《德意志意識形態》一文中說：「分工只是從物質勞動和精神勞動分離的時候起才真正成為分工。……從這時候起，意識才能擺脫世界而去構造『純粹的』理論、神學、哲學、道德等等」。[105]而這一分工的不斷加深又為軸心時代希臘文化的大踏步發展打下了堅實基礎。

2 希臘城邦國家的特徵

城邦制度是希臘文明發展到一定階段的產物，是古代希臘人的偉

104　〔英〕亞當‧斯密：《國民財富的性質和原因的研究》，下卷，商務印書館 2004年版，第7章，第128頁。

105　《馬克思恩格斯選集》，第1卷，第82頁。

大的政治實踐，是希臘人留給後人的寶貴遺產，對後世西方的政治理論和政治實踐有非常重要的影響。

城邦在希臘文中叫做波里斯（Πολιs，Polis），在荷馬史詩中是指堡壘（城堡）或衛城[106]，後演化為一種政治單位。在西方語言中，諸如政治的（Political）、政治學（Politics）、政體（Polity）等詞均來源於城邦。一般認為，城邦是原始社會末期向階級社會過渡時的國家組織形式，它與原始社會末期軍事民主制的管理機構有非常密切的承繼關係。軍事民主制時期的管理機構，如軍事首長、長老會議和人民大會在希臘城邦的各個階段都或多或少地存在過。以公民大會為例，它不但出現於荷馬史詩中，而且也出現於克里特和斯巴達，出現於雅典。當然，因時間和地點不同，公民大會的作用也有所區別。在荷馬時期，普通民眾僅僅是聽眾而已，在克里特和斯巴達，公民大會的權利也只限於對元老院事先討論過的提案進行表決。[107]然而，在雅典等實行民主政治的國家裡，每一個與會公民都有提案或修正議案以及支持或反對他人所提提案的權利。正如智者普羅塔果拉斯（Protagoras）所言：「如果他們（雅典人）所議論的主題是關於政治智慧的，政治智慧總是遵循正義和節制原則的，那麼他們會聽取每一個人的意見，因為他們認為所有人都擁有這種美德，否則，城邦就無法存在。」[108]

小國寡民是早期國家最重要的外部特徵。列寧說：「當時的社會和國家比現在小得多，交通極不發達，沒有現代的交通工具。當時山河海洋所造成的障礙比現在大得多，所以國家是在比現在狹小得多的

---

106 修昔底德證實，雅典的衛城在相當長的時間裡被稱作Polis。〔古希臘〕修昔底德：《伯羅奔尼薩斯戰爭史》，II，15，6.

107 〔古希臘〕亞里斯多德：《政治學》，1272a10-12.

108 〔古希臘〕柏拉圖：《普羅塔果拉斯篇》，322E-323A.

地理範圍內形成起來的。技術薄弱的國家機構只能為一個版圖狹小、活動範圍較小的國家服務」。[109]這與希臘早期城邦的情況完全吻合。

　　在希臘，典型的城邦通常以某一城市或城堡為中心，逐漸聯合附近數公里的若干鄉村，山、河、海洋是它與其他城邦相分隔的主要自然界線。城邦是當地居民的共同體，在血緣、語言、傳統習俗和宗教儀式等方面有著明顯的共同性。當然，也有不存在城市的城邦，如斯巴達等。據 Starr 估計：一般的典型城邦的面積在五十至一百平方公里之間，公民人數在六百二十五至一千二百五十人之間，能夠提供戰士的人數為二百二十五至六百二十五左右。[110]總人口超過數千人，達到數萬人的並不多。中希臘的弗西斯面積一千六百五十平方公里，有二十二個城邦，平均每個城邦占地七十至七十五平方公里。在阿提卡半島東南部的基俄斯小島面積不足一百五十平方公里，上面建有四個小邦。科斯島上也有四個城邦。科林斯有八千八百平方公里，其東鄰的麥加拉也與之差不多。斯巴達在征服美塞尼亞後領土達八千四百平方公里，雅典約二千五百五十平方公里，都屬特大型城邦。在幾個較大城邦中，敘拉古有公民三至五萬人，科林斯不超過五萬人，阿爾戈斯和底比斯估計也在這個水準上。斯巴達和雅典要大一些，斯巴達可以養活九千名戰士，雅典在希波戰爭時也約當如此。[111]公民是城邦的基礎，適中的公民更是城邦存在的前提。柏拉圖提出理想的城邦應該有五千零四十名公民，[112]而亞里斯多德也主張：城邦不宜過大，人口不宜過多，疆域更應適中。亞里斯多德認為：一個城邦最主要的配備自然是公民。對於城邦來說：公民的數量非常重要。他指出：「凡以

109　《列寧選集》，第4卷，人民出版社1972年版，第48頁。〔版本似較老。〕

110　G.Starr：《個人與共同體——希臘城邦的興起》，P.46.

111　H.D.F.Kitto認為只有西西里的敘拉古、阿克拉加斯（Acragas）以及雅典三個城邦的公民數超過二萬。H.D.F.Kitto: The Greeks, Penguin Books ,1951, P.66.

112　〔古希臘〕柏拉圖：《法律篇》，737e；745c.

政治修明著稱於世的城邦都對其人口有所限制」，因為城邦人數過多，「就難以制定秩序」。[113] 在亞里斯多德看來，十個人的城邦是不可能的，因為它不能自給；十萬人的城邦是荒唐的，因為它不能適當地治理。城邦理想的人數是成年男子在平時能聽到一名傳令官的喊聲，戰時能聽到一名將軍的聲音為度。「城邦如萬物──動物、植物、無生物……──也有其自己適中的限度。」「一個城邦如果人數過多……不能成為一個真正的城邦，因為它可能難於擁有一個真正的立憲政體。誰能夠成為這麼多人的將軍？除聲音洪亮的傳令官。誰又能夠為其傳替消息？」「一個城邦最適度的規模是其人數最多時足以自給自足，且人人生活在可以相互望及的地域之內。」[114] 希波達馬斯（Hippodamas）在規劃皮裡優斯（Piraeus）時說，當地理想的公民人數是一萬人。柏拉圖、亞里斯多德和希波達馬斯的想法顯然是當時希臘現實的反映。

從內部結構上看，希臘城邦也有其明顯的特徵，它首先是一個公民共同體。按一般希臘人的觀念，城邦就是人，完全不是城牆和船艦本身。[115] 這裡的人顯然是指公民而言。城邦可以在本地，也可以集體遷徙到外地，甚至可以遷移到海上。特米斯托克里斯（Themistocles）有句明言，他說：「只要雅典人擁有二百只滿載海軍的船隻，那就是有城邦。」[116] 這句話表明：「城」與「邦」可以分離，「城」毀而「邦」卻可以仍然存在。只要公民集體在，只要他們的神和組織在，城邦就可以存在。城邦屬於全體公民所有。公民是城邦的主體，他們屬於城邦，城邦也屬於他們，這是同語反覆。在希臘文裡，「公民」

113　〔古希臘〕亞里斯多德：《政治學》，1326a25-30.

114　〔古希臘〕亞里斯多德：《政治學》，1326a35-b24.

115　〔古希臘〕修昔底德：《伯羅奔尼薩斯戰爭史》，VII，77，7.

116　〔古希臘〕希羅多德：《歷史》，VIII，第61頁。

（Polites）一詞本身就源自城邦（Polis），意為「屬於城邦的人」。亞里斯多德說：「城邦的含義就是為了要維持自給生活且具有足夠人數的一個公民集體。」「若干公民集合在一個政治團體之內，就成為一個城邦。」[117]在城邦內，公民之間是平等的，城邦的最高治權依託於「公民集體」。公民可以不同程度地參與討論和決定城邦內政、外交、訴訟、立法和選舉公職人員等事務，他們也可以擔任公職，公民與政府之間保持著最大程度的統一性。公民集體正因為與國家緊密相連，所以希臘人常常用「雅典人（而非雅典）」、「科林斯人（而非科林斯）」、「斯巴達人（而非斯巴達）」來稱呼他們的國家。

　　公民和士兵的結合是城邦賴以存在的軍事基礎。希臘城邦普遍實行公民兵制度。保衛城邦的獨立和安全是公民的權利，也是公民的義務。「一個共同體所遭遇的困難，只能是由其他共同體引起的，後者或是先已占領了土地，或是到這個共同體已占領的土地上來騷擾。因此，戰爭就或是為了占領生存的客觀條件，或是為了保護並永久保持這種占領所要求的巨大的共同任務，巨大的共同工作。」[118]公民們平時農作、訓練，戰時打仗，作戰時所需的馬匹、甲胄、武器、糧食等都由自己解決。城邦按照公民財產的多少、盡軍事義務的多寡來決定他們所享有的政治權利。當然，軍制和戰術的變化也對城邦的政體形式產生重要的影響。例如，當軍隊以騎兵為主力時，政治上往往是貴族制或寡頭制，因為能養得起馬的只能是少數貴族。當重裝步兵成為城邦戰爭依靠的主力時，貴族制開始向溫和民主制過度。因為參加重裝步兵的成員都是比較富裕的公民，是農夫。而當海軍成為城邦主要軍事力量的時候，下層平民在政治上的作用越來越大，從而常常導致平民政體的建立。對此，就是當時人都有過深刻的分析。有一位生活

---

117 〔古希臘〕亞里斯多德：《政治學》，1276b.

118 《馬克思恩格斯全集》，第46卷，上冊，人民出版社1979年版，第476頁。

於西元前四七○年左右的作者曾這樣說道：「不錯，在雅典窮人和普通人應比貴族和富人享有更多的權力，因為正是普通人操縱著艦隊並給城市帶來權力；他們提供了舵手、水手長、下級軍官、哨兵和修理船隻的工匠；使城市強大的正是這些人，重裝步兵、貴族和有身分的公民是遠遠比不上他們的。」[119]很顯然，公民兵制是與城邦落後的稅收制度和公民間相對的平等觀相一致的。

自給自足是城邦的經濟基礎。希臘的自足有兩層意思，第一是公民人數足以自衛，第二是經濟能力足以自給。在古典希臘城邦中，公民享有占有一定土地的特權，城鄉居民之間沒有形成正式的對立。城邦中沒有受到城市剝削的鄉村地區；土地所有者與勞動者之間相互結合，保持著非常密切的關係。[120]農業勞動始終處於受尊重的地位。穩定的農業為希臘城邦的繁榮和發展提供了很好的條件。

當然，城邦中公民內部的相對平等，並不意味著城邦內部沒有不平等的現象，不過，這種不平等是建立在相對平等的基礎上的。城邦政治家的最重要的任務就是縮小公民之間的這些不平等，從而維護相對穩定的公民團體，因為它是城邦政治的基礎；其次，使每一個公民依公民身分而分享某種平等的權利，再按每個公民不同的經濟地位（承擔義務的能力）來分配相應的權利和義務。盡多少義務，就享有

---

119 參見〔英〕大衛斯：《民主和古典希臘》（J.K. Davies, Democracy and Classical Greece, London: Fontana），1978年，第116頁。亞里斯多德等古典作家也常常把雅典民主的一些制度的建立同雅典海軍的發展聯繫起來，以說明它們兩者之間的關係。參見：〔古希臘〕亞里斯多德：《政治學》，1274a；1291b20.〔古希臘〕色諾芬：《雅典政制》，I，2.

120 亞里斯多德在《雅典政制》中說：阿里斯太德斯「號召人民拋棄田園，入居城區。公民以從軍、參政為業。」這就是說在西元前五世紀，雅典有許多公民從事農業。參見〔古希臘〕亞里斯多德：《雅典政制》，XXV。也參見〔古希臘〕呂西阿斯，I，11-39.

多少權利，依義務定權力，這是希臘城邦一條重要的規則。

　　城邦雖然有許多共同性，但也有明顯的差異性。從政治體制上看，各邦之間或某邦各時間段的差異性是非常明顯的。斯巴達是貴族寡頭政體；雅典則經歷過王制、僭主制和民主制政體。而就城邦的政治結構而言，則更是變化萬千。例如斯巴達雖然有兩個國王，但他們並不是國家的最高首腦，他們既要受監察官的監督，還要受公民大會和元老院掣肘。雅典的政治結構則更為複雜，公民大會、五百人會議、公民法庭、元老院，還有執政官、十將軍委員會，各個機構都有自己獨立的職權，而且機構之間相互制約。城邦政治體制的多元性一方面表明希臘政治發達；另一方面也促進了西方政治學的誕生，柏拉圖的《理想國》和亞里斯多德的《政治學》，就是在考察和研究城邦現實的基礎上寫就的。

　　封閉性的和排他性是城邦的重要特徵。城邦是一個非常嚴密的組織，不僅僅婦女、兒童和奴隸排除在公民共同體之外，而且還有被釋奴隸或者從希臘其他城邦移民來的自由人及其子女都被視為外人。在古代希臘，授予外人以公民權的情況十分罕見，除非是處於特殊時期。[121]正因為如此，所以，即使是民主派也不希望打破傳統的男性公民共同體。恩格斯對此有過很好的闡述，他說：「在希臘人和羅馬人那裡，人們的不平等的作用比任何平等要大得多。如果認為希臘人和野蠻人、自由民和奴隸、公民和被保護民、羅馬的公民和羅馬的臣民（該詞是在廣義上使用的），都可以要求平等的政治地位，那麼這在古代人看來必定是發了瘋。」[122]城邦精神的整體主義是城邦的另一個重要特徵。所謂整體主義，就是在對待個人與城邦之間的關係上，城

121　亞里斯多德認為，只有在人力資源嚴重不足時，才採用較為寬容的人口政策，而
　　且危機結束後則棄而不用。《政治學》，1278a26-34.

122　《馬克思恩格斯選集》，第3卷，人民出版社1995年版，第444-445頁。

邦第一位，個人第二位，個人只有融會於城邦，為城邦而獻身，才真正實現了其價值。希臘人把城邦看作是一個有機的整體，公民集體是其中的組成部分。亞里斯多德在這方面說得很清楚：「城邦（雖在發生程式上後於個人和家庭），在本性上則先於個人和家庭。就本性來說，全體必然先於部分；以身體為例，如全身毀傷，則手足也就不成其為手足，脫離了身體的手足同石製的手足無異，這些手足無從發揮其手足的實用，只在含糊的名義上大家仍舊稱之為手足而已。我們確認自然生成的城邦先於個人，就因為（個人只是城邦的組織部分），每一個隔離的個人都不足以自給其生活，必須共同集合於城邦這個整體（才能大家滿足其需要）。凡隔離而自外於城邦的人——或是為世俗所鄙棄而無法獲得人類社會組合的便利或因高傲自滿而鄙棄世俗的組合的人——他如果不是一隻野獸，那就是一位神祇。」[123]把城邦共同體看得比個體重要是希臘城邦中公民們的一種獨特的政治心態。在希臘人看來，有了城邦，公民個人的一切都有了，城邦的毀滅，也就意味著公民權利的喪失，甚至有淪為外邦人或奴隸之虞。城邦繁榮、強大，就意味著公民個人的自由和獨立。因此，希臘城邦中的公民都把城邦的整體利益視為神聖，公民的集體意志視為法律。蘇格拉底式的獻身，就是城邦整體主義精神的模範遵從。

保持公民人數與公民份地數的相對平衡是城邦賴以存在的保證，也是政治家們一直關注的重點。城邦初期在希臘所出現的改革者如雅典的梭倫、斯巴達的萊庫古斯、科林斯的斐冬、底比斯的腓羅勞斯等都以保持公民人數與份地數的均衡為主要目標。古代立法家科林斯人斐冬主張在開國時，產業的份數相當於公民的人數，這些數額應該作

---

123 〔古希臘〕亞里斯多德：《政治學》，1253a19-29. 譯文見商務印書館1983年版，第8-9頁。

為定制，不要使其有使增減。[124]在腓羅勞斯的一些著作中，……照他
的立法意志，各家所有份地數和子孫數總要保持平衡，使其世代相
續，各人資以營生的產業不至於劇增或劇減。[125]一旦打破了平衡，就
必須移民。移民建國是希臘城邦制保持平衡的一種方法，也是希臘城
邦制發展的必然結果。

　　當然，希臘城邦也是在不斷變化的。先前強大的城邦，有變得默
默無聞的；而往昔弱小的，又有變得強大的。斯巴達和雅典都是後來
居上才發展起來的。不過，希臘城邦實力的不斷變化，霸權的不斷更
替雖然打破了地區的局部平衡，但並沒有動搖城邦的內部結構，這或
許是希臘城邦的最大魅力。

（二）希臘古典社會的盛衰與馬其頓帝國

1 希臘古典社會的盛衰

　　西元前五至四世紀前葉是希臘的古典時代，在這一時代希臘無論
在經濟還是在文化等方面都有了長足的發展，希臘社會進入了它的全
盛時期。希臘的大量成就也都產生於這一時間段。

　　西元前八至六世紀以後，希臘各地基本上完成了由部落向國家的
過渡。據不完全統計，在希臘大約有國家三百個左右，這些小國寡民
的國家分布於希臘半島、愛琴海以及下亞細亞等地區。然而，剛剛進
入文明狀態的希臘小國很快又遭遇了波斯人的強大進攻。西元前四九
二年，大流士一世動用海、陸兩方面大軍向希臘挺進，正式挑起了與
希臘人的戰爭。大流士給出征將軍下達的最初命令，就是「征服和奴

124　〔古希臘〕亞里斯多德：《政治學》，1265b12-15.

125　〔古希臘〕亞里斯多德：《政治學》，1274b2-5.

役雅典和埃列特里亞，並把這些奴隸帶到他的面前來。」[126]年輕的希臘面臨著自從進入國家以來第一個嚴峻的考驗。

面對波斯強敵的入侵，面對失去自身獨立和自由的威脅，希臘人眾志成城，奮起抗戰。無論是馬拉松還是溫泉關或是薩拉米斯，英勇的希臘人都創造出了許多可歌可泣的事蹟。波斯大軍終於在團結的希臘人面前失敗了。西元前四四九年，波斯被迫簽訂和約，放棄對愛琴海的霸權，承認小亞西海岸希臘城市的獨立。[127]希波戰爭正式結束。

希波戰爭遏止了波斯帝國的向西擴張，削弱了波斯帝國的實力，加速了波斯帝國衰落的歷程。更重要的是，希波戰爭保衛了希臘人的獨立，延續了希臘文明的發展。正如柏拉圖所說：「如果沒有雅典人和斯巴達人共同起來擋住迫近眉睫的奴役，我們也許可以斷定：希臘各城邦早已混雜一團，希臘人與野蠻人混雜，其處境與眼下生活在波斯專制統治下的那些民族一樣，被支解或者可憐地雜聚在一起了。」[128]正因為希臘人的勝利，才使希波戰爭以後，希臘很快地進入了古典社會的繁榮期。由於雅典和斯巴達在希波戰爭中發揮了決定性的作用，所以戰後的希臘史基本上是以它們兩個國家尤其是以雅典為中心而展開的。

對於雅典人來說，希波戰爭是一場災難，但同時也是發展的機遇。這場戰爭大大地加速了雅典海軍的發展步伐，改變了以前以重裝步兵為主力的單一作戰模式，特別是到希波戰爭後期，雅典海軍在戰爭中發揮的作用越來越大，其政治地位也日漸顯現。更重要的是，隨著希波戰爭的結束以及雅典國家經濟條件的改善，第三等級公民的人數由戰爭初期的約一萬人增加到了西元前四三〇年二萬人。這些都為

---

126 〔古希臘〕希羅多德：《歷史》，VI，94.

127 〔古希臘〕西西里的狄奧多魯斯：《歷史集成》，XII，4，5.

128 〔古希臘〕柏拉圖：《法律篇》，III，693.

雅典民主政治的日益成熟打下了堅實的基礎。大約到伯里克利時期（西元前461-西元前429年）雅典的民主制達到了其發展的頂峰。伯里克利是希臘偉大的政治家，也是一位很有氣魄的民眾領袖和民主主義者。「在伯里克利身上，有一種愛好深奧、高尚、優美事物的真摯而生動的熱情，這種熱情以極奇怪的方式和他的政治才幹交織在一起。他掌權三十多年。他是個非常生氣勃勃和思想開朗的人。他把他的這些品質的烙印打在他的時代上面。」[129]伯里克利大力推行民主政治，從而使雅典的民主政體一度具有「伯里克利的面貌」。他將國家的最高權力轉移到由全體成年男性公民所組成的公民大會手中，公民大會具有立法、行政、司法等多重職能，每年召開四十次。遇到緊急狀態時，可以隨時召開。國家的所有重要事務都由公民大會討論決定。此外，伯里克利還建立了多個陪審法庭，陪審法官由抽籤產生，所有公民都可擔任。為了鼓勵貧苦公民積極參與國家的政治活動，伯里克利實行公職薪給制，從而使貧窮的雅典公民也有機會擔任國家的高級官職，管理國家的具體事務。雅典的民主政治是世界古代史上重要的政體形式，它在發揮全體公民的主動性方面產生了重要的作用。以至伯里克利也自豪地宣稱：

「我們的憲法沒有照搬任何毗鄰城邦的法律，相反地，我們的憲法卻成為其他城邦模仿的範例。我們的制度之所以被稱為民主制，是因為城邦是由大多數人而不是由極少數人加以管理的。我們看到，法律在解決私人爭端的時候，為所有的人都提供了平等的公正；在公共生活中，優先承擔公職所考慮的是一個人的才能，而不是他的社會地位，他屬於哪個階級；任何

---

129 〔英〕赫·喬·威爾斯：《世界史綱》，人民出版社1982年版，第347頁。

人，只要他對城邦有所貢獻。絕對不會因為貧窮而湮沒無聞的。我們在政治生活中享有自由，我們的日常生活也是如此，當我們的街坊鄰居為所欲為的時候，我們不致因此而生氣，也不會相互猜疑，相互監視，甚至不會因此而常常給他們難看的臉色，儘管這種臉色不會對他們造成實際的傷害。我們在私人關係上是寬鬆自在的，但是作為公民，我們是遵守法律的。對當權者和法律的敬畏使我們如此。我們不但服從那些當權者，我們還遵守法律，尤其是遵守那些保護受傷害者的法律，不論這些法律是成文法，還是雖未寫成文字但是違反了就算是公認的恥辱的法律。

另外，我們安排了種種娛樂活動，以使人們從勞作中得到精神的恢復，在整個一年之中，我們都舉行各種常規的競技會和祭祖活動；在我們的家庭中，有華麗而風雅的設備，每天怡娛心目，消除心中鬱悶。我們的城邦如此偉大，它把全世界的產品都帶到我們的港口，因此，對雅典人而言，享受其他地方的產品，就如同享受本地的奢侈品一樣。」[130]

民主政治為雅典的文化繁榮創造了極好的條件，正是在生活安逸、思想相對自由的氛圍下，雅典成為全希臘的學校和中心，出現了眾多名垂史冊的政治家、文學家、歷史學家、藝術家、哲學家和自然科學家；留下了許多流芳百世的傑作，為人類文化事業的發展做出了重大的貢獻。

在對外事務方面，希波戰爭以後，雅典繼續推行向愛琴海發展的

---

130 〔古希臘〕修昔底德：《伯羅奔尼薩斯戰爭史》，II，第37-38頁。譯文見〔古希臘〕修昔底德：《伯羅奔尼薩斯戰爭史》，徐松岩、黃賢全譯，廣西師範大學出版社2004年版，第98-99頁。

原則。其中最重要的措施是加強其對提洛同盟的控制。提洛同盟
（Delian League）成立於西元前四七八年，最初的目的是為了反抗波
斯的侵略，「劫掠波斯王國的領土，以報復他們過去所受的損失。」[131]
因加盟各邦集會的地點和同盟金庫設在提洛島的阿波羅神廟上，故
名。最初入盟的城邦有三十餘個，後來越來越多，最多時超過二百五
十個。包括愛琴海的大部分島嶼以及愛琴海沿岸、黑海沿岸和連接愛
琴海和黑海海峽地區的大部分希臘城邦。入盟各邦或出戰艦或出錢，
開始每年繳款的數額為四百六十他連特，後擴大到六百他連特。西元
前四五四年，提洛同盟的金庫以及五千他連特存款被雅典移至雅典。
提洛同盟的金庫實際上變成了雅典國庫的一部分。西元前四四九年，
希波戰爭結束，雅典人拒絕入盟邦要求解散同盟的請求。至此，雅典
人已經徹底地控制了同盟者。此後，雅典的財政收入迅速增加，到西
元前四三一年，雅典年財政收入已達一千他連特。其中百分之五十以
上來自同盟的貢賦。假如沒有這一筆貢金，伯里克利時代是不可能出
現雅典城邦內部經濟文化高度繁榮的情況的。正因為如此，所以伯里
克利曾多次在演說中說，同盟國「所繳納的金錢就是雅典的力量。」[132]

　　雅典在希波戰爭以後的快速發展，迅速改變了雅典在希臘世界中
的地位，這是當時的陸軍強國斯巴達所不願看到的。正是由於「雅典
勢力的日益增長，引起了拉西底夢人的恐懼，從而使戰爭無法避
免。」[133]

　　從表面上看，伯羅奔尼薩斯戰爭似乎只是雅典人和伯羅奔尼薩斯
人之間的局部戰爭，但實際上卻是一場重新劃分勢力範圍、規模巨大
的爭霸戰。戰爭從西元前四三一年開始到西元前四〇四年結束，前後

131　〔古希臘〕修昔底德：《伯羅奔尼薩斯戰爭史》，I，第96頁。
132　〔古希臘〕修昔底德：《伯羅奔尼薩斯戰爭史》，I，第143頁。
133　〔古希臘〕修昔底德：《伯羅奔尼薩斯戰爭史》，I，第23頁。

持續了二十七年,希臘世界的所有城邦幾乎都捲入了這場戰爭。「甚至非希臘人的國家色雷斯、波斯等也都被吸引到戰爭中」去了。正如修昔底德所說:「這是希臘人的歷史中最大的一次騷動,同時也影響到大部分非希臘人的世界。」這次戰爭也「是所有的戰爭中最偉大的一次戰爭。」[134]這場戰爭給希臘人民帶來了無窮的災難,在希臘人的記憶中留下了極其深刻的影響。修昔底德在談到這場戰爭時曾痛苦地說:「伯羅奔尼薩斯戰爭不僅持續時間長;而且在整個過程中,給希臘帶來了空前的災難。以前從來沒有過這麼多城市被攻陷,被破壞,有些為異族軍隊所為,有些為希臘國家自己所致;以前從來沒有過這麼多的流亡者,從來沒有過這麼多生命遭慘殺。……地震發生的範圍和強度空前;日食頻繁超過歷史記錄;希臘各地旱災嚴重,繼之以饑饉;瘟疫也隨之發生,其危害生命的程度遠遠超過任何其他單獨的因素。戰爭爆發後,所有這一切的災難都一齊降臨到了希臘。」[135]戰爭的結果是兩敗俱傷,無論是戰勝者還是戰敗者,都損失慘重。希臘各城邦原有的有關政治和經濟方面的矛盾,不但沒有因為戰爭的結束而有所緩解,相反卻變得更加尖銳。希臘全盛時期的繁榮已不復存在。自此以後,希臘進入了戰亂頻繁的階段。

　　伯羅奔尼薩斯戰爭改變了全希臘的政治格局。戰後,斯巴達成了全希臘海上和陸上霸權的主人。以前臣服於雅典的提洛同盟各邦,現在都落到了斯巴達的統治之下。斯巴達不僅對這些屬邦橫徵暴斂,讓其每年進貢一千他連特,而且還干預他邦內政,強迫推行寡頭政治,其粗暴程度比雅典有過之而無不及。西元前三九九年,斯巴達與波斯發生戰爭,斯巴達以霸主的身分向希臘各邦強征軍隊,發號施令,引

---

134 〔古希臘〕修昔底德:《伯羅奔尼薩斯戰爭史》,I,第1-21頁。
135 〔古希臘〕修昔底德:《伯羅奔尼薩斯戰爭史》,I,第23頁。

起希臘其他同盟者的不滿。波斯乘機利用斯巴達和希臘各邦之間日益加深的矛盾，鼓動並資助各城邦反抗斯巴達。西元前三九五年，由底比斯發起，雅典、科林斯、麥加拉、阿爾戈斯等組成了反斯巴達聯盟。反斯巴達聯盟在雅典人科農的指揮下，大敗斯巴達海軍於克乃達斯海角，斯巴達從此失去了海上的霸主地位。由於這場戰爭的主要戰場都在科林斯地峽附近，所以歷史上把它稱作科林斯戰爭（西元前395-前387年）。戰後，小亞諸希臘城邦及賽普勒斯等島都落入波斯手中。西元前三七九年冬，流亡於雅典的民主派首領佩羅庇達重返底比斯，公開舉起反抗斯巴達的大旗。西元前三七八年，雅典利用底比斯向斯巴達發難的機會，迅速組建雅典第二海上同盟，其中有七十個城市及島嶼加入了同盟組織。入盟者都在盟約上簽了字。盟約規定：「凡非在波斯大帝治下的任何希臘民族、或居留在大陸的外族、或居留在島嶼的居民，如果願意成為雅典及其盟邦的盟友，皆可以加入同盟，而保有其自由和自治權，採用其所欲的國家制度，無須接受（雅典的）駐防軍或行政官吏的領導，亦無須繳納貢禮。……如有外敵發動戰爭，從陸路或海路入侵同盟，則雅典人及其盟友皆有盡可能出其全力以幫助受侵略者的義務。」[136]從雅典第二海上同盟這一盟約中，我們能夠知道這完全是一個軍事同盟。斯巴達對此極為不滿，並快速從海上和陸上調兵對其進行鎮壓，結果大敗。大約與此同時，底比斯在中希臘的實力迅速增強，以其為首領的彼奧提亞同盟迅速崛起，斯巴達與底比斯之間的矛盾迅速激化。西元前三七一年，雙方激戰留克特拉（Leuctra），底比斯在伊巴密濃達斯（Epaminondas）率領下，利用頑強的公民兵和新式方陣，以重點突破的方式大敗斯巴達軍。西塞羅對於這次戰鬥曾有過這樣的評價。他說：「由於克里奧布老圖斯害怕妒

136　〔蘇〕塞爾格葉夫：《古希臘史》，高等教育出版社1955年版，第378頁。

忌，冒失地與伊巴密濃達斯作戰，損失慘重，使斯巴達人的力量遭受毀滅性的打擊。」[137]波里比烏斯也認為留克特拉是強大走向衰落的分水嶺。他這樣說道：「從來庫古立法開始，拉西第夢人享有了極為良好的國家制度，而且在留克特拉戰役（西元前371年）之前，也是非常強大的。可是，從這個時候起，命運離開了他們，他們的國家也愈來愈趨向衰落。」[138]次年，伊巴密濃達斯率七萬大軍進入伯羅奔尼薩斯，以斯巴達為首的伯羅奔尼薩斯同盟慘遭重創，同盟隨即解體，斯巴達國家迅速衰落。底比斯的勃興使雅典深感焦慮。為了阻止底比斯的崛起，雅典又轉而與斯巴達結盟。西元前三六二年，伊巴密依達率底比斯軍與雅典、斯巴達聯軍在伯羅奔尼薩斯阿卡地亞的門丁尼亞（Mantinea）決戰，底比斯雖然獲勝，但主將伊巴密依達陣亡，底比斯的霸權亦隨之煙消雲散。斯巴達和底比斯的衰落為雅典的再次崛起創造了條件，不過好景不長。西元前三五七至前三五五年，雅典同盟由於不滿雅典人對同盟各邦的壓迫和勒索，內部爆發了同盟戰爭。戰爭的結果便是雅典第二海上同盟的解體。此後，希臘再也沒有出現過像斯巴達和雅典那樣的「霸主」。曾在希臘文明中做出傑出貢獻的希臘各城邦開始普遍地衰落下去。到了西元前四世紀中後期，希臘各城邦自身的發展動力幾乎喪失殆盡。希臘的城邦時代已經進入了最後的階段。

希臘的城邦制度顯然是希臘民族的一個偉大創造，希臘人幾個世紀的實踐表明，城邦制度有其卓爾不群的優勢。它強調集體，強調個人服從團體，公民服從國家，鼓勵公民們終身致力於公眾事務。它堅持公民利益的相對平均、公民權力的相對平等。可以說，城邦制在保護公民利益方面是自私的，在控制公民人數方面是嚴格的，然而在接

---

137 〔古羅馬〕西塞羅：《論義務》，I，第24頁。〔無版本。〕
138 〔古羅馬〕波里比烏斯：《通史》，IV，81，第12-14頁。〔無版本。〕

受外來文化方面卻有一定的主動性和開放性。這種體制有利於激發廣大公民的創造性，調動他們的積極性。當然，城邦也有其自身無法回避的缺陷。城邦的規模限制了公民的視野，城邦的觀念妨礙了國家的發展，城邦的形式更束縛了希臘人調整和應對世界變化的能力。它無法處理好公民內部與公民外部之間的矛盾，也無法阻止公民內部的貧富分化，更無法阻擋外部帝國的強大進攻。希臘人的城邦終於在馬其頓人的攻擊下衰亡了。

2 亞歷山大帝國與希臘化王國

　　亞歷山大帝國是歷史上第二個橫跨歐、亞、非三洲的大帝國，其興起的速度之快、疆域之廣，都是世界古代史上罕見的，甚至連當時人都沒法想到。[139]為了理清亞歷山大帝國的發展軌跡，我們有必要對亞歷山大帝國的前身馬其頓王國進行認真的探研。馬其頓位於希臘半島的北部，分上、下二部分。上馬其頓是山區，下馬其頓為平原地區。西元前五世紀，馬其頓經濟落後，社會還處於軍事民主制時期。西元前四世紀中葉以後，馬其頓國力日漸強盛。國王腓力二世（Philip II）是馬其頓走向強盛的關鍵性人物。正是由於他的努力，才使馬其頓由一個缺乏城市中心的農獵社會迅速地變成地中海舞臺的中心。

　　腓力二世於西元前三五九年上臺掌權，在馬其頓執政時間達二十三年。在位期間，他首先消除各部落首領的軍事權力，把軍權控制在國王手中。同時，推行發展經濟的貨幣改革政策，在馬其頓境內採用金銀複本位制，擴大與希臘和波斯各地的貿易。在軍事上，建立常備軍，組成密集而縱深的馬其頓方陣。方陣的重裝步兵主要由富裕農民組成。

---

139 〔古羅馬〕波里比烏斯：《通史》，XXIX，21。

「這些步兵隨著樂器聲節奏地前進，他們鎮定自若，隊伍井然有序，讓人看了既感到聲勢浩大，同時也令人生畏。」[140]一個馬其頓方陣包括六十四個營。每營為十六列，每列由十六名士兵組成。士兵身著護胸甲，手持五至七米的長矛。攻，猶如山洪傾瀉，勢不可擋；守，猶如銅牆鐵壁，不可逾越。正是憑藉著這支武裝力量和希臘城邦之間的矛盾，腓力二世不但占領了愛琴海北部的廣大地區，而且還打敗了希臘各邦的軍隊。

西元前三五三年，腓力軍攻占美通。西元前三四八年，馬其頓軍占領奧林圖斯。西元前三三八年，馬其頓軍與底比斯、雅典、科林斯等聯軍決戰於比奧提亞的卡羅尼亞（Chaeronea），交戰的結果是希臘聯軍大敗。不久，腓力二世在科林斯召集希臘各邦開會，史稱「科林斯會議」。除斯巴達以外，希臘各邦都派人出席了這次會議。

會議宣布希臘城邦保持和平，並且規定以後希臘結盟的原則，宣布私有財產不可侵犯，嚴禁任何形式的重分土地、取消舊債和解放奴隸。各成員國向神宣誓：「將維護和平，不違反與馬其頓王腓力的條約，不以武力從陸上和海上攻擊信守誓言的任何成員國，不以敵對方式和手段攻擊任何簽約國的城市、要塞、港口，不對腓力王及其子孫實行顛覆性活動。在和約宣誓時，不干涉各國的政治，不做有違本條約之事，也不允許別國有此行為。若發生與本條約相違背之事，受害者理應得到幫助，並按照同盟議會的決定和命令，對違反共同和約者宣戰……」。[141]

這次會議確立了馬其頓對希臘城邦的統治地位，結束了希臘獨立、自主的歷史，開始了馬其頓稱霸希臘半島的新時期。至此，希臘

---

140 〔古希臘〕普魯塔克：《利庫爾戈斯傳》，XII，第4-5頁。〔無版本。〕

141 M. N. Tod: Greek Historical Inscription, Oxford, 1950, Vol.II, p.224.

城邦時代完全獨立的政治局面已經不復存在。西元前三三六年腓力二世被刺，年輕的亞歷山大在危難中登上王位。他用了一年多的時間恢復希臘的秩序，此後則潛心準備對波斯人的戰爭。

西元前三三四年春，亞歷山大親率三萬步兵，五千騎兵，度過黑海海峽來到亞洲。首戰擊敗波斯軍隊於小亞的格拉尼庫斯，接著用外交手段使小亞諸城不戰而降。次年，亞歷山大的軍隊到達敘利亞，波斯皇帝大流士三世率大軍三十六萬人迎戰，兩軍會戰於伊蘇斯。亞歷山大身先士卒，猛襲波軍，大流士三世大敗而逃。此後，亞歷山大率軍南下，用了七個月的時間攻下腓尼基的推羅，然後征服埃及，使埃及擺脫了波斯人的統治。埃及的祭司們把亞歷山大宣布為太陽神阿蒙之子，古代法老的合法繼承人。西元前三三一年，亞歷山大從埃及出發，穿過敘利亞，來到兩河流域。雙方在尼尼微附近的高加美拉發生激戰，波軍大敗。亞歷山大趁勢占領了巴比倫和蘇撒，次年又占領了帕塞波里斯，並將其付之一炬。大流士三世在向東逃跑途中為其屬下伯索斯所殺。亞歷山大終於摧毀了這個世界歷史上第一個橫跨歐、亞、非的大帝國。

西元前三二九年，亞歷山大帶領軍隊進入中亞，在那裡轉戰三年。西元前三二七年，他又進兵印度西北部，由於當地缺乏統一強大的國家，所以根本無法抵擋亞歷山大的進攻。次年，亞歷山大率軍沿印度河南下，並於西元前三二五年返回巴比倫。當亞歷山大班師西向時，他已經創立了一個比波斯帝國更為遼闊的大帝國。

亞歷山大東侵的直接結果是用其堅不可摧的馬其頓方陣使當時世界上最強大的波斯帝國臣服於馬其頓的威名之下，使其成為亞歷山大帝國的一部分。為了統治這一幅員遼闊的帝國，亞歷山大把都城由希臘半島的科林斯遷往巴比倫。

亞歷山大帝國主要由馬其頓、希臘和波斯帝國三部分組成，它的

統治模式帶有明顯的三方混合的因素。在政治體制上，亞歷山大實行
了嚴格的君主專制政體，他本人就是帝國的國王。對於地方的統治，
亞歷山大基本上沿襲了波斯帝國的行省制，實行軍事、財政和民政間
的三權分離。各地的總督由亞歷山大親自任命，總督中既有馬其頓
人、希臘人，也有許多當地人。不過，當地人總督一般只管民政，軍
事和財政常常掌握在馬其頓人和希臘人手中。為了預防不測，亞歷山
大還在一些重要地區駐紮完全聽命於自己的軍隊，隨時應對各種突發
事件。

　　加強文化統治，促進文化交融是亞歷山大關注的重點。在宗教
上，他實行宗教寬容政策。在埃及，他親自拜謁阿蒙神廟；在巴比
倫，他向馬都克神獻祭，不干預當地的宗教信仰。在婚姻上，他鼓勵
馬其頓人與帝國境內的其他民族聯姻。他在中亞時，就與當地貴族的
女兒洛葛仙妮結婚。回到蘇撒以後，他又與他的戰友們一起舉行集體
婚禮。在他的鼓勵下，大約有一萬多馬其頓戰士與亞洲女子結為夫
妻。[142]此後不久，亞歷山大又把一些馬其頓人、波斯人和其他民族的
貴族召集起來，「讓所有的馬其頓人在他的旁邊坐下，接下來是波斯
人，然後是其他民族的貴族。他和旁邊的人一起喝酒，也一起獻祭。
典禮由希臘占卜者與波斯祭司一同舉行儀式。亞歷山大做了許多禱
告，特別是祈求馬其頓人和波斯人應該像同伴一樣和睦相處。」[143]亞
歷山大所推行的這種民族融合政策對於鞏固剛剛建立起來的帝國是有
一定好處的。

　　亞歷山大在接受許多專制帝國管理模式的同時，還保存了城邦這
種治理體系。無論在希臘本土，還是在東方希臘化地區，城邦依然以

142　〔古希臘〕阿裡安：《亞歷山大遠征記》，VII，第4頁。
143　〔古希臘〕阿裡安：《亞歷山大遠征記》，VII，第11頁。

傳統的形式存在。它們可以通過法令，選舉官吏，但必須以國王的好惡而好惡。這種城邦已經損失掉了早先所享有的政治上和外交上的獨立權，它們始終處在國王的控制之下，是國王行使其政治統治的重要力量。

西元前三二三年，亞歷山大病逝，終年三十三歲。亞歷山大是古代歷史上一位非常出色的政治家和軍事家，同時也是一位值得深入研究的成功的征服者。他開創了一個時代，開創了一個東西方文化交融的新時代。他不僅把絢麗奪目的希臘文明的火種播撒在東方的膏腴之地，而且還將沉積於美索不達米亞、尼羅河和印度河上的智慧帶向歐洲。馬克思對此曾高度評述「希臘的內部極盛時期是伯里克利時代，外部極盛時期是亞歷山大時代。」亞歷山大逝世後，他所建立的帝國隨即分裂。亞歷山大的部下在經過多年的混戰以後，最後終於將其帝國分裂成幾個獨立的王國，其中著名的有：托勒密（Ptolemies）王國、塞琉古（Seleucids）王國和馬其頓安提柯（Antigonid）王國。從此，雖然一些地區的主人有所變化，但埃及、西亞和馬其頓三足鼎立的局面一直保存了很長時間。

托勒密王國是所有希臘化國家中維持時間最久的一個國家。托勒密埃及的創立者是亞歷山大的部將托勒密。史學界一般把托勒密王國立國的時間定在西元前三○五年，也即托勒密正式稱王的那一年。在統治模式上，托勒密採用的是具有軍事民主制遺風的馬其頓君主制與埃及法老式專制統治相結合的中央集權制。國王掌握全國最高的政治、軍事、財務和宗教大權。國王不僅在死後被追封為神，而且生前也奉作神明崇拜。尤其是到了後期，國王在簽署敕令時常常使用 Theos 這一稱號。托勒密埃及所依靠的主要統治基礎是馬其頓人和希臘人，高級官員一般都由他們充任。托勒密王朝保留了過去的州（諾姆）的區分，上下埃及大致有四十個州。州之下分為縣，縣下為村，

村是當時最基層的地方組織。每一級都有專門的官吏管理。州的真正首長是由希臘人和馬其頓人充任的將軍。他負責維持秩序，也許還主管刑事案件的審判。他對財務不能插手，財務權歸另一財務官。雖然國王的宮廷表面上講希臘語，穿希臘服裝，不與當地人通婚，但君主的權力遠遠超過了從前所有的馬其頓國王。

在托勒密一世、二世和三世統治的時期，埃及的國力達到了鼎盛，其統治範圍除埃及的尼羅河流域之外，還包括昔勒尼加、衣索比亞、腓尼基、巴勒斯坦、賽普勒斯、小亞細亞南岸和西部、色雷斯和黑海沿岸地區以及愛琴海諸島，是愛琴海地區和東地中海地區最強大的帝國。

托勒密王朝對於各地間的商貿活動非常重視，他們組織力量修通了往昔法老開工未竣的連接紅海與尼羅河的運河。此外，還聘請地理學家去尋找新的通往遙遠國度的路線，由此開闢新的商業市場。埃及的穀物、亞麻布和玻璃是附近地區居民所歡迎的物品，埃及的聲音也通過商人經商等途徑傳入中國；地中海的金屬、木材、大理石、紫色染料，南阿拉伯和印度的肉桂、藥物、香料等也源源不斷地流入埃及，成為埃及居民的首選物品。

對於埃及人來說，托勒密王朝屬於外族政權，儘管埃及當地的名望貴族有可能躋身於統治者之列，但畢竟為數很少。為了消除埃及人對馬其頓政權的不滿，托勒密王朝常常採用發動戰爭的方法來轉移當地人的視線，它先後與塞琉古王國進行了五次戰爭，史稱「敘利亞戰爭」。長期的戰爭消耗了托勒密埃及的國力，破壞了托勒密埃及的經濟，削弱了托勒密埃及的基礎。從西元前三世紀末葉起，托勒密王國的實力開始下滑。

西元前二世紀以後，羅馬勢力已經擴展至希臘和小亞細亞等地，對埃及形成了嚴重的威脅。西元前八十年以後，羅馬對埃及的影響力越

來越大，埃及的國王逐漸變成了羅馬的傀儡。為了獲取王位，托勒密十一甚至需要用重金賄賂羅馬的元老院。即位以後，還得用羅馬軍隊來維護其對埃及的統治。托勒密十一死後，他的子女為爭奪王位相互殘殺。西元前三十年，埃及終為羅馬所滅，成為羅馬帝國的一個行省。

　　塞琉古王國的建立者是塞琉古一世（西元前305-前280年在位），塞琉古是亞歷山大的得力助手，亞歷山大去世後，他任巴比倫總督。西元前三一二年，塞琉古正式確立其對巴比倫的統治地位，歷史上一般都把這一年作為塞琉古王國的建國年。西元前三〇四年，塞琉古一世自立為王，定都奧倫特河畔的安條克（Antiochia）城。中國史書上將其稱之為條支，其名或許來自首都安條克。

　　塞琉古基本上領有昔日波斯帝國的版圖，東達阿姆河和印度河。西元前三〇五年，塞琉古一世派軍與印度孔雀王朝的旃陀羅笈多的軍隊作戰，並連獲勝利。但由於西部大戰在即，塞琉古又把旁遮普以及格多洛西亞和阿拉科西亞等領土歸還給了旃陀羅笈多，相互交換的條件是從旃陀羅笈多那裡得到了五百頭大象。與旃陀羅笈多媾和以後，塞琉古一世便集中精力，鞏固自己在亞洲西部的地位。

　　塞琉古在其占領區內所實行的統治模式也是中央集權制。國王積極推行王權崇拜，強化王權至上。國王是全國最高的行政、軍事首腦，集全國的政治、經濟和軍事於一身。國王之下設有宰相、議事會和秘書處，高級官吏一般由馬其頓/希臘人擔任。敘利亞人、猶太人、波斯人和其他伊朗人幾乎都被排除在官僚階層之外。塞琉古王朝把全國分為二十五個省，七十二個府。但因為民族眾多，地域廣袤，地方勢力相對強大，從而大大地妨礙了中央集權制的有效實行。這也是塞琉古王國不斷分裂的重要原因。

　　塞琉古王朝是希臘化政策的有力推廣者。國王們常常通過建立希臘／馬其頓人的城市來保證其對各地的控制，加強希臘文化與當地文

化的融合。據統計，光塞琉古一世就建了二十四個城市。這些城市幾乎是希臘城市的翻版，保持著希臘城市的眾多特徵：城市裡有體育館、劇場、市場等公共設施，也有部落、公民大會、議事會、行政官員等公共建置。不過，與希臘城市不同的是，這裡的城市規模巨大。如首都安條克就有居民五十萬，底格里斯河上的塞琉西亞有居民六十萬。而且城市居民的成分也很相對複雜。城市是希臘文明的中心，也是希臘文明的輻射地。它對西亞、中亞等地區的習俗和文化都有很大的影響。

西元前三世紀，塞琉古王國內部矛盾加劇，內戰四起。帕加馬、帕提亞、巴克特里亞等地方勢力趁機擺脫塞琉古的統治，紛紛獨立。塞琉古王國的直轄版圖大大縮小。西元前一八九年初，塞琉古王朝的軍隊與羅馬的軍隊在馬格尼西亞相遇。雙方在這裡發生了激戰，塞琉古軍隊潰敗，塞琉古在歐羅巴和小亞的領地隨即喪失。此後，塞琉古王國的實力每況愈下。西元前六十三年，羅馬大將龐培最後消滅了塞琉古王國，並將其變成了羅馬帝國的一部分。

馬其頓希臘是亞歷山大東進的後方，對於亞歷山大東進的成功起過很好的作用。不過，這並不意味著希臘人真心擁護馬其頓的統治。這可以從亞歷山大死後希臘局勢的迅速惡化中看得十分清楚。亞歷山大的死迅傳到希臘，立即引起了希臘各邦的關注。雅典人率首先舉起了反抗馬其頓的大旗，他們出資招募軍隊，並於西元前三二三年在溫泉關附近打敗了馬其頓軍。次年，雙方又在克拉農發生激戰，結果是希軍大敗。馬其頓再次恢復了對希臘的統治。此後，馬其頓雖幾易其主，但還是牢牢地控制著對希臘的統治。西元前二八六年，安提柯‧貢那特在馬其頓少數要人的舉薦下，就任馬其頓國王。歷史上常常把這一王朝稱做「安提柯王朝」（西元前276-前168年）。安提柯王朝轄地七萬五千平方公里，共經歷了五位國王的統治，他們分別是：安提柯‧貢那特、德墨特里俄斯、安提戈那‧多宋、腓力五世和百爾修

斯。安提柯王朝經常參與東部地中海地區的爭霸戰爭，與托勒密王朝和塞琉古王朝角逐爭雄。同時，又常常與希臘的埃托里亞同盟和阿卡亞同盟爭鬥。埃托里亞同盟大約出現於西元前三一四年，是中希臘地區的主要聯盟。阿卡亞同盟形成於西元前二八〇年。入盟各邦完全平等，對內各自獨立，對外立場一致。聯盟的最高權力機關是全盟大會，此會每年召開一次。所有入盟各邦的公民皆可參加。全盟大會選出常設會議和聯盟司令官。常設會議處理日常事務，司令官統帥聯盟軍隊，並有權協調各邦關係。為了維持同盟的正常事務，各盟須提供一定數量的兵員，繳納一定的盟金。這些同盟既有聯合反抗馬其頓的一面，又有相互制約、相互鬥爭的一面。

馬其頓人與希臘人之間的內爭，不但削弱了自己的力量，而且為西部強國羅馬的東進創造了非常有利的條件。

羅馬與馬其頓的第一次接觸發生在第二次布匿戰爭期間，當時，馬其頓國王腓力五世錯估形勢，把消滅羅馬的希望寄託在漢尼拔身上。西元前二一五年，他與漢尼拔結成同盟，聯手反抗羅馬。西元前二〇一年，第二次布匿戰爭結束，漢尼拔失敗。次年，羅馬以腓力五世攻擊羅馬盟邦為藉口，向馬其頓宣戰，對馬其頓實施報復。西元前一九七年，羅馬將軍弗拉米尼努斯和腓力五世在帖撒利亞激戰，馬其頓軍大敗。羅馬軍團的優越性在這次戰爭中得到了充分的發揮。西元前一九六年，弗拉米尼努斯以希臘保護人的身分裁決並安排了馬其頓和希臘的事務。西元前一七九年，腓力五世去世，其子百爾修斯繼位。百爾修斯對內發展經濟，增強實力，對外強烈反對由羅馬建立起來的馬其頓、希臘秩序，積極干預希臘內政。百爾修斯的這些活動引起了希臘世界各城邦的不安，他們紛紛要求羅馬出面干預。西元前一七一年羅馬正式向馬其頓宣戰，並將軍隊開進希臘，西元前一六八年，雙方在皮德納發生大戰，百爾修斯戰敗投降。馬其頓實際上已經

失去了作為地中海強國的地位。

西元前一五〇年，一位自稱是百爾修斯之子的馬其頓平民安德里斯庫斯發動了反抗羅馬的起義，但遭到了羅馬軍隊的鎮壓。馬其頓從此失去獨立，成了羅馬的一個行省。不久，羅馬又對希臘進行大清洗。西元前一四六年，希臘僅存的反抗地科林斯被其夷為平地，希臘被置於新近任命的馬其頓總督的統治之下。科林斯的毀滅，標誌著希臘政治歷史的最後結束。

亞歷山大帝國及其以後的希臘化帝國的出現固然有其內在發展的必然，但確實也存在著不容忽視的偶然。其最後的結果顯然是當時的征服者所不能預見的。它打破了歷史上形成的東、西方文化各自獨立發展的模式，使其相互交流，合二為一。它摧生了無數新的思維模式，使人們能在更加廣闊的時空中探求事物發展的真諦。征服者帶來的希臘文明在東方文明的影響下又有了新的昇華。所以，希臘化不純粹是希臘文化的簡單移植，而是希臘文化和東方文化交融之後所產生的一種新的世界性文化。它是一朵奇葩，是一朵把所有芳香都給予世界的美麗奇葩；它更是一種創造，是一種賦予文化以新的內涵的創造。

（三）羅馬地中海帝國的形成及其衰落

1 羅馬早期國家的產生和發展

當希臘化國家正日益削弱的時候，在他們的西部卻悄然出現了一個新興的國家，她不僅將改變義大利的命運，而且也將改變整個地中海世界的命運。這個國家就是赫赫有名的羅馬。

古羅馬城的原址位於義大利拉丁姆平原，北靠第伯河下游，距第勒尼安海很近。這是一片山崗地帶，其中較大的七山，它們分別是帕拉丁山、卡皮托爾山、奎里那爾、維里納爾、厄斯魁林和凱里蘇斯四個山崗。各山崗之間的谷地，在遠古是沼澤地區，後經不斷的改造，

才變成一些平坦的廣場。羅馬最初是一些小山村，是農牧者的樂園拉丁人的一個移民地。

據傳說，羅馬人是特洛伊人的後裔，其始祖是特洛伊戰爭時期特洛伊的王子伊尼阿斯。羅馬城的實際創立者是羅慕路斯。據羅馬作家瓦羅推算，羅馬建城的年代大約在西元前七五四至前七五三年之間。

從羅馬出現在歷史舞臺到共和國建立這一歷史階段，歷史上稱為「王政時代」（西元前753-前509年）。在塞爾維烏斯改革以前的王政社會是氏族社會。其居民由三百個氏族組成，每十個氏族聯合成一個庫里亞（Curia），十個庫里亞組成一個部落（特里布斯）。三個血緣部落共同構成了「羅馬人民」（Populus Romanus）。其重要管理機構有：由成年男子組成的庫里亞大會；由氏族長老組成的元老院（Senatus）和軍事首長勒克斯（Rex）。王政時代共經歷了七位勒克斯（國王）。在第六王塞爾維烏斯當政的時期，羅馬人進行了自上而下的改革。塞爾維烏斯把三個舊的血緣部落從國家中排除出去，設立四個新的地區部落，並給予其一定的政治權利，設立新的政治機構森都里亞（Centuria）大會。同時，他還按照財產的多少把居民劃分為六個等級，規定他們的權利和義務。「這樣，在羅馬也是在所謂王政被廢除之前，以個人血緣關係為基礎的古代社會制度就已經被炸毀了，代之而起的是一個新的、以地區劃分和財產差別為基礎的真正的國家制度。公共權力在這裡體現在服兵役的公民身上，它不僅被用來反對奴隸，而且被用來反對不許服兵役和不許有武裝的所謂無產者。」[144]據說最後一個國王高傲者塔克文獨斷專橫，終於引起了羅馬人民的暴動。西元前五〇九年，「王政時代」結束。羅馬進入了一個新的時代，即共和國時代。

---

144 《馬克思恩格斯選集》，第4卷，第128頁。

　　共和國是羅馬人的一大創造。拉丁文的共和國由 Res Publica 組成，Res 為事物之意，Publica 為公共之意。Res Publica 則為「大家的國家」，或「人民的國家」之意。Res Publica 主要體現的是「國家的主權屬於全體公民」，而不是屬於君主。這個國家要定期召開公民大會，選舉執政官等國家官吏。國家官吏是羅馬國家的一部分，要受任期的限制，要接受公民的監督。他們的權力來自公民，是公民授權的結果。由於執政官等任期短，而且經常受到同僚的牽制，所以真正在共和國中起主導作用的是羅馬的元老院。

　　羅馬共和國早期的歷史，由於後世學者有意或無意的渲染，已經變得難以辨別了。但有一點是可以肯定的，即在共和早期，羅馬的勢力十分弱小，處境也很艱難，隨時都有被鄰國吞併的危險。北邊的埃特魯里亞人（Etruria），南邊的伏爾西人（Volsci），東邊的厄魁人（Aequi）和第伯河左岸的薩賓人（Sabines）都是實力較強的民族，其文明程度也比羅馬人高。對於羅馬人來說，新共和國最初一百年的歷史，實際上就是一部連綿不斷的戰爭史。不過，殘酷的環境並沒有把羅馬人打敗，相反卻鍛鍊了羅馬人的隊伍。他們戰厄魁，打伏爾西，還與維伊人連續打了三次重要的戰爭，並取得了重大的勝利。這些戰爭不僅使羅馬的領土和財富倍增，而且也消除了羅馬的埃特魯里亞之患，羅馬城一躍成為拉丁姆的第一大城。

　　從西元前四世紀四十年代開始，羅馬又向義大利中部的「薩莫內人」開戰。薩莫內戰爭可以說是義大利半島的霸權爭奪戰，義大利中部的許多城市都捲入了這一長期的戰爭。經過三次長時段的戰爭，羅馬取得了最後的勝利，薩莫內人被迫稱臣。

　　皮洛士戰爭是羅馬征服義大利的最後一戰。皮洛士是希臘伊庇魯斯的國王，希臘化時期最傑出的軍事將領之一，同時也是一位好大喜功的統帥。西元前二八〇年，皮洛士應他林敦之邀親率二萬二千名步

兵和射手，三千名騎兵及二十頭戰象在他林敦登陸。羅馬人與其交戰三次，先輸後贏。西元前二七五年，羅馬人與皮洛士在貝溫尼敦附近打了最後一仗，皮洛士潰敗，被迫退回希臘。三年以後，他林敦投降。羅馬基本上征服了義大利的南部地區。至此，羅馬已經成為義大利半島的唯一強國。

　　羅馬在征服義大利以後，根據被征服地區的各種不同情況，對其實行「分而治之（divide et impera）」的政策，依靠各部落和各地區社會上層對義大利進行治理。同時，也派遣一定的殖民地對被征服地區的居民進行監督或滲透羅馬人的思想。從長遠的角度看，這種政策對於羅馬的發展有非常重要的作用。它既保證了當地貴族的特權，保護了他們的利益，又使他們對羅馬保持忠心，忠心耿耿地為羅馬服務，從而保證羅馬後方的穩定。所以，蒙森認為：羅馬戰後的義大利政策使「新義大利在政治方面成為一體，在民族方面也正在成為一體。占統治地位的拉丁民族業已同化了薩賓人和沃爾斯克人，並且使單個的拉丁民社遍布義大利全境；這些萌芽發榮滋長，以致後來一切有權穿拉丁長袍的人莫不以拉丁語為國語。羅馬人慣於把拉丁名字推廣到提供援兵的義大利同盟體，可見他們已明確認識到這個目的。」蒙森繼續評論道：「不論從這個宏偉的政治結構中還可得出什麼認識，都足以證明那無名的營造設計師的高明的政治見解；組成這個同盟的分子如此眾多，如此多樣，而以後遇到最沉重的震撼時，竟仍非常團結，可見成功對於他們的大業頗有影響。這個覆蓋義大利的羅網張得既巧妙又堅固，自從他的綱維集中於羅馬民社之手以來，羅馬民社便成為一個強大國家。」[145]

　　羅馬對義大利的征服大大地擴大了羅馬人在地中海世界的影響

---

145 〔德〕蒙森：《羅馬史》，商務印書館2004年版，第2卷，第174頁。

力，西元前二七三年，埃及派遣使者來到羅馬，接著羅馬也派使者到埃及。這本身表明羅馬已經進入了地中海主要國家的行列。羅馬勢力的發展就必然與活躍於西部地中海的海上強國迦太基發生直接的衝突。從西元前二六四年到西元前一四六年，羅馬與迦太基曾進行三次戰爭，歷史上常常將這場戰爭稱之為「布匿戰爭」。因為迦太基是腓尼基人的後裔，而羅馬人又稱腓尼基人為布匿人（Poeni）。

第一次布匿戰爭（西元前264-前241年）雙方打了二十三年。西元前二四一年，迦太基因受經濟和人力資源的限止無力再戰，被迫向羅馬求和。和約規定：迦太基將西西里島與義大利之間的所有島嶼讓給羅馬；迦太基賠款三千二百他連特，十年之內付清。第一次布匿戰爭至此結束。這場戰爭雖然沒有徹底解決西部地區的霸權問題，但在羅馬人的歷史上卻占有十分重要的地位，因為通過這次戰爭，羅馬人建立了一支強大的海軍，而這是建立地中海帝國所必備的。

在第一次布匿戰爭以後，羅馬和迦太基都積極備戰，準備迎接雙方間更大的戰爭。不過，真正把戰爭帶到義大利的是迦太基的天才將領漢尼拔。西元前二一八年春天，漢尼拔率領已經訓練好的迦太基雇傭軍從反羅馬的軍事基地西班牙出發，跨越阿爾卑斯山，突入義大利本土，並取得節節勝利。漢尼拔在義大利北部地方的突然出現是羅馬人所始料不及的，它本身表明戰爭初期羅馬情報系統的滯後和義大利北部防線的薄弱。西元前二一七年，漢尼拔在特拉西美諾湖附近伏擊羅馬軍成功。次年，漢尼拔又指揮迦太基軍與羅馬軍激戰坎尼，取得重大勝利。羅馬軍五萬四千人被殲，一萬八千人被俘，而迦太基只損失了六千人。坎尼戰役後，羅馬曾一度出現危機。南部、中部和北部義大利的一些地區紛紛脫離羅馬，坎佩尼亞的加普亞和西西里的敘拉古等城也都投向迦太基。漢尼拔雖連戰皆勝，但也暴露出單兵作戰所帶來的巨大困難。西元前二〇七年，羅馬人消滅了迦太基由西班牙派

去的援軍,切斷了漢尼拔的後援。西元前二〇四年,羅馬開闢第二戰場,遣軍直趨北非,漢尼拔速回迦太基救援。西元前二〇二年,羅軍與漢尼拔軍在北非的紮馬決戰,指揮這次戰鬥的分別是西庇阿和漢尼拔。兩位都是赫赫有名的將軍,一位在西班牙戰績輝煌,一位在義大利屢獲勝利。他們都明白這次戰鬥對於他們或對於他們的國家意味著什麼。戰鬥的結果漢尼拔失敗。次年,雙方訂立和約,迦太基淪為羅馬的附屬國,羅馬終於征服了可以與它一決高低的迦太基,從而確立了其在西部地中海的霸主地位。西元前一四九至前一四六年,羅馬與迦太基之間又進行了「第三次布匿戰爭」。羅馬人取得了決定性的勝利,迦太基城被夷為平地。至此,羅馬的實力明顯增加。

羅馬與迦太基的戰爭,開闊了羅馬的政治視野,加快了羅馬向東擴張的步伐。此後,羅馬通過三次馬其頓戰爭,征服了馬其頓。西元前六十三年,羅馬大將龐培利用敘利亞實力嚴重衰落這一機會,征服了敘利亞和巴勒斯坦,並在新占領區建立了敘利亞行省。羅馬的另一位大將凱撒征服了山外高盧,將羅馬的疆域擴大至不列顛地區,從而大大地解除了義大利半島的後顧之憂。西元前三十年,屋大維擊敗政敵安敦尼,消滅了埃及的托勒密王朝,使埃及成了羅馬帝國的一個行省。羅馬軍事上的勝利不但擴大了羅馬自身的發展空間,而且也打斷了地中海沿岸其他國家發展的連續性,對地中海文明中心的形成產生了重要的意義。

羅馬從一個小山村變成為大帝國這在世界歷史上是非常罕見的,它與以往的各大帝國都有明顯的區別。首先,它不是君主制,它不是由一個偉大的征服者所創建。它是第一個共和政體的帝國。第二,羅馬並沒有像以前曇花一現的波斯帝國、亞歷山大帝國那樣迅速地衰落下去,而是欣欣向榮,不斷向前發展。第三,它沒有被被征服者所同化,而是不斷地同化被征服地區,使被征服地區羅馬化。克勞狄元首

對此有過深刻的分析。他說：「斯巴達人和雅典人，在戰場上是如此的強悍，但是卻只能享有短暫的繁榮。主要原因是因為他們沒有想到要把以往的敵人和本國的公民同化，老是把敵人當成外人區別開來的緣故。不過，我們羅馬的建國者羅慕路斯，非常賢明地選擇了與希臘人相反的做法。長期的敵人在戰敗之後，他就讓他們加入公民之列。……各位元老院的元老，我們深信不疑的傳統，其實在這些事物成為傳統的最初，一切都是新的嘗試。國家的要職也是長期以來一直是由貴族擔任，後來開放給羅馬的居民，接著是住在羅馬之外的拉丁人，再後來是居住在義大利半島的平民。」[146]正是因為羅馬人善於使用妥協，從而化解了許多很難化解的矛盾，團結了內部的公民，爭取了外部的聯盟，使羅馬的資源不斷擴大。

總之，羅馬的成功依賴於群體的力量，它是羅馬公民集體力量的體現，同時也是羅馬公民集體智慧的結晶。羅馬的勝利是軍事上的，但更是外交、政策和策略上的。

2 羅馬地中海文明中心的形成和衰落

西元前三十年羅馬內戰的結束以及奧古斯都元首政治的建立，基本上確立了地中海地區的和平局面。在未來的二百餘年中，羅馬主要經歷了朱里亞・克勞狄王朝、弗拉維王朝、安敦尼王朝和塞維魯王朝。歷史上把這一段時期稱作「元首制時期」或「羅馬和平（Pax Romana）」時期。

朱里亞・克勞狄王朝（西元14-68年）是繼奧古斯都之後在羅馬歷史上產生重要作用的王朝，共有四位元首，他們分別是提比略、卡里古拉、克勞狄和尼祿。這一王朝基本上繼承了奧古斯都對羅馬帝國

---

146 〔古羅馬〕塔西佗：《編年史》，XI，第24頁。

的治理政策。在這一王朝時期元老院和羅馬公民的權力得到了進一步的削弱，而元首的權力有了明顯的提高。以元首為中心的官僚機構日趨完善，作用日趨加強。

弗拉維王朝（西元69-96年）由韋斯帕薌建立，因韋斯帕薌屬於弗拉維家族，故名。這一王朝共有三位元首，他們分別是：韋斯帕薌以及他的兩個兒子提圖斯和圖密善。這是羅馬歷史上第一個家族王朝，不過，只統治了二十七年。

安敦尼王朝為帝國前期統治時間最久的王朝，安敦尼王朝（西元96-192年）共經歷了七位元首的統治，他們分別是涅爾瓦、圖拉真、哈德良、安敦尼、奧里略、維魯斯和康茂德，歷時九十六年。人們常常用「涅爾瓦的智慧、圖拉真的光榮、哈德良的英勇和安敦尼、奧里略的美德」來讚美這一王朝。在所有元首中除涅爾瓦外，其他人都出身於行省。除奧里略和康茂德是父子相即外，其餘的都沒有直接的血緣關係，都是前任元首在經過多次考察以後親自選擇的接班人，通過過繼形式繼承元首位。從大部分元首來源於行省這一點來看，行省已經成為羅馬帝國政治生活中的一支重要力量。

塞維魯王朝的創立者出身士兵，是典型的士兵元首。靠士兵起家，靠士兵維權。關注軍隊的作用、對軍隊實行既打又拉的政策是這一王朝的最大特點。早在西元一九三年，由於認識到近衛軍在羅馬政壇的重要作用，塞維魯成為元首後不久，就對近衛軍進行新的改組，義大利人在近衛軍中的優勢地位遭到嚴重削弱。從東方返回以後，塞維魯又在羅馬城附近安置了一個軍團，作為帝國政府的後備軍，首次打破了在義大利不設軍團的慣例。對於野戰軍人，他格外愛護，允許士兵隨軍結婚。軍事生活平民化雖然穩定了士兵的情緒，滿足了士兵的要求，但在某種程度上也敗壞了羅馬的紀律，削弱了羅馬軍隊的戰鬥力。更為重要的是塞維魯的軍隊優惠政策加重了帝國的財政，加速

了帝國居民的破產，從而也在根本上動搖了帝國穩定的基礎。塞維魯王朝在羅馬統治的時間不長，大約四十二年。此後，羅馬帝國便進入了混亂狀態。

從奧古斯都開始至塞維魯王朝時期是羅馬地中海文明中心的形成和發展期。不過，羅馬的地中海文明中心在這以前已露端倪，因為在第二次布匿戰爭以前，希臘人和羅馬人所知道的世界各地所發生的事件都是「地方性的」，相互之間沒有多少關係。但從這時開始，世界各地已不再是「孤立」的了。在義大利半島或在阿非利加發生的事情都會對希臘和亞細亞等地產生影響。原先孤立的狀況已經變成了關係密切的整體。波里比烏斯對此曾有過非常精闢的論述。他說：「以前生活在這個已知世界之人的所有活動都是分散的，每一行動無論是就目的、結果和發生的地方而言，都是孤立的、彼此之間沒有關係。而從我所說的那個時期開始，歷史已經成為一個有聯繫的整體了：義大利、阿非利加、希臘以及亞細亞，各地所發生的史事相互間都有聯繫，而所有那些史事的發展趨勢是最後歸於統一……。」[147]這個統一到奧古斯都時期確實變成了現實。

地中海文明的中心地區是以羅馬為首都的義大利。羅馬文明通過義大利而輻射到帝國各地。文明中心的東部包括：希臘、小亞細亞、敘利亞、巴勒斯坦和埃及等。雖然融東方文明與希臘化文明於一體的社會生活模式一直存在，但羅馬獨特的治理方法、理念及拉丁文化也隨著羅馬人在這些地區統治權的鞏固而逐步深入。

阿非利加、昔勒尼等行省位於地中海文明中心的南部，羅馬化的迅速發展是這一地區的重要特點。阿非利加的農業在這一時期得到了很快的發展，其產量遠遠超過了西西里，成為羅馬帝國的重要糧食產

---

147 〔古羅馬〕波里比烏斯：《通史》，I，第3頁。

地和羅馬城的糧食供應地。

　　西班牙、高盧等地位於地中海文明中心的西部。這裡是羅馬化推行得最好的地區。羅馬文明和拉丁語在這裡占主導地位。經濟生活和政治管理都按羅馬的形式進行。在帝國初期，西班牙和高盧也是經濟和文化發展最快的地區之一，帝國的許多政治領袖、學者和軍隊士兵都來自這些地區。

　　以萊茵河和多瑙河為界大致構成了地中海文明中心的北線。這裡有上日爾曼行省、下日爾曼行省、諾里克、潘諾尼亞、米提亞等，在圖拉真時期曾越過多瑙河占領了達西亞。因為這裡大多是邊疆線，所以這裡的羅馬化主要由軍隊來完成和推動。許多軍營都變成了城市。

　　羅馬帝國是繼亞歷山大帝國之後出現的又一個橫跨歐、亞、非三洲的大帝國。鼎盛時期的羅馬版圖向西直到大西洋；北到萊茵河、多瑙河及北蘇格蘭高地；東至幼發拉底河；南達撒哈拉沙漠。地中海是它的內湖。帝國全盛時期的面積將近三百五十萬平方公里，其領土包括今日的義大利、西班牙、法國、英格蘭、德國、奧地利、羅馬尼亞（部分）、希臘、馬其頓、敘利亞、埃及、阿爾及利亞、摩洛哥等二十四個國家和地區。所轄人口約五千四百萬，是雅典全盛時期人口的一百三十五倍，其人口數約占當時世界人口數的五分之一。帝國的邊境都由軍隊或相當複雜的邊牆來保衛。

　　在帝國的前二百年，邊境安寧，社會穩定，雖然在尼祿、圖密善和康茂德之後出現過幾次混亂，但時間很短，而且涉及面也不大，嚴格地說，只涉及到羅馬城或個別地區，而對整個帝國影響不大。所以，歷史學家們常常把這一段時間稱作「羅馬和平」時代，這是很有道理的。較長時間的「羅馬和平」確實也為地中海文明中心的形成和鞏固奠定了堅實的基礎。

　　隨著地中海文明中心的形成，羅馬公民和拉丁公民、羅馬公民和

行省居民之間的差別日益縮小,帝國內部的民族矛盾有了明顯的調整。早在共和國時期,凱撒就開始把一部分公民權授予忠於羅馬的行省居民。奧古斯都繼續推行凱撒的政策,給予那些打算為羅馬人民效力的城市以拉丁公民權或完全公民權。此後的元首也不時授予行省居民以公民權。至西元二一二年,羅馬元首卡拉卡拉頒布敕令(Constitutio Antoniniana),敕令授予帝國全體自由民(投降者除外)以羅馬公民權。至此,帝國境內幾乎所有自由男子都獲得了公民權。這一敕令標誌著原先以羅馬民族為核心民族、以羅馬民族為征服民族的時代已經不復存在,原先狹隘的民族情結得以淡化。對於行省居民來說,這無疑是一大進步。此後,行省居民都成了羅馬公民的一部分。

中央權力行省化是這一時代的重要標誌,越來越多的義大利以外的上層階級參與了帝國事務的管理,成為帝國的統治階層。首先,從元首成員的變化中我們可以看得很清楚。朱里亞・克勞狄王朝的元首都出自古代羅馬的貴族家族,之後的加爾巴雖然也是羅馬貴族出身,但他是近西班牙的總督。奧托來自埃托魯里亞,維特里烏斯來自阿普里亞。弗拉維王朝的創立者韋斯帕薌出身於薩賓的平民家庭。圖拉真出生於西班牙,是第一位來自行省的元首,此後的哈德良也來自西班牙,安敦尼・庇護的祖籍是高盧的那馬蘇斯,瑪律庫斯・奧里略的祖籍是西班牙。塞維魯王朝的開創者塞維魯則是阿非利加人。其次,從元老院的構成來看,行省元老的人數也越來越多。據統計:在元首制的初期,幾乎沒有行省籍元老。西元六十九至七十九年間,在我們已知的元老中,有百分之十七的屬於行省籍元老。其中主要來自西部行省。西元一九三至二一二年,在我們已知的元老中,有百分之五十七來自行省,大約有三分之五來自東部行省,五分之一來自西部行省。[148]

---

148 Keith Hopkins: Death and Renewal, Cambridge, Cambridge University Press, 1983, P.144.

第三，從軍團士兵的構成來看，行省籍士兵的數量越來越多。在奧古斯都和蓋約時期（西元前31年-西元41年），義大利人在軍團中所占的比例為百分之六十五，行省為百分之三十五；在克勞狄和尼祿時期（西元41-68年），義大利人占百分之四十八，行省占百分之六十二；在弗拉維王朝和安敦尼王朝早期（西元69-117年）義大利人只為百分之二十一，而行省籍士兵則占百分之八十九。行省籍士兵在軍隊中的作用越來越大。

　　隨著歲月的流逝，種族之間的差異也逐漸消失，出自行省的人士在文學、藝術、軍隊管理和教育理論的研究等方面都達到了很高的水準。辛尼加及其兄弟加里奧，還有詩人路加都來自西班牙的科爾多瓦，農學家科魯美拉出生於西班牙的卡迪斯，馬提雅爾和昆體良也來自西班牙，福隆圖和阿普列烏斯則出自阿非利加。這些變化都表明：行省地位在帝國早期有了明顯的提高。

　　羅馬地中海文明中心的形成使原來分離的地中海經濟逐漸走向統一，從而為羅馬帝國經濟的發展創造了很好的條件。農業是帝國經濟的重要基礎。在帝國初期，羅馬行省的農業恢復明顯，發展驚人，水利、灌溉技術提高很快，耕地面積擴大迅速。西西里、阿非利加、埃及等原來生產糧食的「糧倉」繼續發揮作用的同時，潘諾尼亞、米西亞等行省也紛紛成為羅馬的新穀倉。行省農業的發展同時也為義大利農業經濟的調整提供了可能。眾所周知，義大利是帝國的中心，它與行省的關係非常明確，前者是征服者，後者則是被征服者。作為被征服者的行省每年都要向義大利進貢大量的錢財物品。據記載，在奧古斯都時代，埃及每年要向羅馬提供二千萬摩底小麥，幾乎能夠解決羅馬城一年中四個月的口糧。[149]約瑟夫斯認為：北非每年為羅馬人提供

149　〔缺少作者〕Epitome de Caesaribus（《凱撒史摘要》），麻塞諸塞州劍橋：哈佛大學出版社1996年版，第1章。

的糧食比埃及還多，約為四千萬摩底小麥，可以滿足羅馬城一年中八個月的糧食需要。[150]行省農業的發展以及行省糧食大量進入義大利為義大利農業經營模式的調整創造了條件，而早期帝國農學家們把橄欖和葡萄等高利潤經濟作物的經營和管理放在主要地位本身也說明義大利農業轉型的完成。

羅馬地中海文明中心的形成也為商業和人口規模型城市的興盛打下了基礎。原有城市如埃及的亞歷山大里亞、義大利的羅馬、卡普亞，敘利亞的安條克和希臘的雅典等空前繁華。尤其是帝國的首都羅馬，其人口則達到一百五十萬左右。在農業經濟時代，這樣規模的城市是非常罕見的。殖民城市和行省城市隨著帝國和平的到來，更是紛紛興起，其中著名的有：不列顛的倫丁尼亞（現在的倫敦），高盧的魯格敦（現在的里昂）、馬賽、阿爾勒、奧頓、里昂和尼姆，多瑙河上的文都波納（現在的維也納）、新吉敦（現在的貝爾格勒），德國的科倫、波恩、美因茲、斯特拉斯堡以及匈牙利的布達佩斯等都興起於帝國初年，它們或是帝國的軍營，或是帝國境內的交通要道。城市既是地方的統治中心，也是傳播羅馬文明的基地。據大致統計，在帝國初期僅西班牙一地就有三百六十多座城市，高盧有將近一千二百座，義大利也有近一千一百九十七座，阿非利加有六百五十座，希臘九百五十座，東部亞洲行省則有人口眾多的城市五千多座。[151]城市的發展既反映了羅馬經濟的發達，更體現了羅馬社會文明的發達。隨著城市的不斷發展，帝國逐漸形成了以羅馬為中心的通過發達的道路系統連接起來的城市網路體系，而這一體系的形成對於羅馬帝國的治理起到了非常重要的作用。

---

150 Josephus: The Jewish War，麻塞諸塞州劍橋：哈佛大學出版社1996年版，第2章。
　　前後英漢似應一致。
151 〔英〕吉本：《羅馬帝國衰亡史》，商務印書館1997年版，第2章，第48頁。

帝國各地城市的興起又促進了地中海各地區之間的貿易和對外貿易的發展。在西部，羅馬和義大利的商人可以把義大利和地中海其他地區的產品運到日爾曼和北歐等地，北歐等地的產品又可通過商人運往其他各地。在東方，羅馬商人的貿易更是異常活躍，經商隊伍經常出沒於阿拉伯、印度，甚至遠達中國。正如吉本指出：「古代世界最遙遠的地方的寶物珍品都被搜括了去供給羅馬人的揮霍。斯基太的森林提供了貴重的毛皮。琥珀從波羅的海岸由陸路運到多瑙河，蠻族對這些無用的商品在交換中能得這樣的高價不勝驚異。巴比倫的地毯和東方其他製造品需求很大；但最重要的對外貿易部門是同阿拉伯和印度進行的。每年，約當夏至時，一支一百二十艘船的艦隊從紅海上埃及的一個港口邁奧肖爾莫斯出航。它們靠定期的季候風之助大約四十天橫渡大洋。馬拉巴爾海岸或錫蘭島通常是他們航行的盡頭，在這些市場上，來自亞洲更遙遠的國家的商人們等待著他們的來臨。艦隊返回埃及的時間確定在十二月或一月，只要他們滿載的貨物一旦運到，就從紅海用駱駝背到尼羅河，順流而下，直抵亞歷山大里亞城，於是毫不耽擱地源源注入帝國的首都。」[152]

羅馬帝國的民眾對於地中海文明中心形成後所帶來的安寧與繁榮的局面襃獎有加。「他們承認首先由充滿智慧的雅典人所發明的有關社會生活、法律、農業和科學的真正原則，只是靠著強有力的羅馬才能牢固地建立起來，在它的可喜的影響之下，最兇狠的野蠻人也在一個平等的政府和共同語言的條件下團結起來了。他們肯定認為，由於各種技藝的進步，人類的數量眼看增加了。他們讚美日益輝煌的城市景象和阡陌相連，裝點得像個大花園一般的美麗的農村面貌。他們慶倖獲得了許多民族可以共同享有的歡樂、持久的和平，完全忘記了過去

152 見〔英〕吉本：《羅馬帝國衰亡史》，第2章，第53-54頁。翻譯有改動。又見〔古羅馬〕斯特拉波：《地理學》，II，5，12。

存在於各民族之間的古老的仇恨，也再不為未來的戰禍擔憂了。」[153]
儘管這些文字有些誇張，但其基本內容還是完全符合歷史真實的。即
使像基督教作家如特爾圖良等也讚歎不已，他說：「的確，只要放眼
看一看世界，就可知道土地耕種日多，人丁日益興旺。現在一切地方
都可暢通，為人們所熟悉，便於商業的經營。現在使人愉快的田野已
把一切荒涼痕跡抹去了，叢林已被劃除而代之以春耕夏耘的隴畝，牲
畜成群奔逐而野獸匿跡。沙地已經播種了，山峪碎石已經掃除了；沼
地已經排干了；過去貧困的農舍所在地，現在已被大城市占據
了。……到處可看到屋宇、人群、安定和文明。稠密的居民到處出現
在我們的眼前。」[154]

　　不過，在羅馬帝國繁榮的背後也隱含著衰落的徵兆。西元二五三
年，塞維魯王朝正式滅亡。此後，內戰頻仍，政局混亂，經濟迅速衰
退，以義大利為中心的地中海整體文明日益失去往日的光環，羅馬地
中海文明進入衰亡階段。

　　元首是國家的象徵，是國家權力的中心。元首不時被擁立或不時
被撤換或被殺害，這本身表明政府的不穩定。據計算，從西元二三五
年到二八四年的五十年裡，有二十多個元首在位，其中十八個死於非
命，一個被交戰國被俘，一人死於瘟疫。這些人的命運已經表明：元
首制已經無法解決羅馬的現實問題。由於篡權奪位以及隨之而來的內
戰，整個帝國已經到了癱瘓和瓦解的邊緣。

　　不斷動盪的政局以及無止境的內戰加深了羅馬帝國境內勞動人民
的負擔，從而引起了廣大人民的嚴重不滿，人民起義此起彼伏。而這
一切又為外族的入侵創造了條件。在帝國東北部，西元二五一年，有
七萬哥特人渡過多瑙河，突破羅馬的多瑙河防線，進入帝國境內。在

153 〔英〕吉本：《羅馬帝國衰亡史》，第2章，第55頁。
154 〔美〕湯普遜：《中世紀經濟社會史》，商務印書館1984年版，上冊，第4-5頁。

帝國的西北部，法蘭克人在渡過萊茵河下游以後，迅速進入高盧的中部和東部地區，並於不久在西班牙的東北部建立了穩固的立足點。在帝國東方，新興的波斯薩珊王朝也開始向西發展，敘利亞成為波斯人進攻的首選目標。這些都說明：自奧古斯都開始的帝國邊境防禦線已經不復存在。羅馬帝國業已陷入內外交困的困境。以後雖然出現了戴克里先和君士坦丁的改革使羅馬帝國擺脫了一時的危機，但因為改革無法解決帝國內部的深層次問題，所以很快就趨於失敗。「廣大領土上的廣大人群，只有一條把他們自己聯結起來的紐帶，這就是羅馬國家，而這個國家隨著時間的推移卻成了他們最兇惡的敵人和壓迫者。各行省消滅了羅馬，羅馬本身變成了行省的城市，像其他城市一樣；它雖然有特權，但已經不再居於統治地位，已經不再是世界帝國的中心了，甚至也不再是皇帝和副皇帝的所在地了，他們現在住在君士坦丁堡、特里爾、米蘭。羅馬國家變成了一架龐大的複雜機器，專門用來榨取臣民的膏血。捐稅、國家徭役和各種代役租使人民大眾日益陷於窮困的深淵；地方官、收稅官以及兵士的勒索，更使壓迫加重到使人不能忍受的地步。羅馬國家及其世界霸權引起了這樣的結果：它把自己的生存權建立在對內維持秩序對外防禦野蠻人的基礎上；然而它的秩序卻比最壞的無秩序還要壞，它說是保護公民防禦野蠻人的，而公民卻把野蠻人奉為救星來祈望。」[155]面對帝國的混亂，城市的蕭條，農村的荒涼，道德的沒落，當時人就有一種不寒而慄的感覺。「羅馬人的鮮血從君士坦丁堡一路灑到阿爾卑斯山，斯吉提亞、色雷斯、馬其頓、帖撒利亞、達達尼亞、達契亞、伊庇魯斯、達爾馬提亞和潘諾尼亞等行省，到處都遭到哥特人和薩爾馬特人、誇杜斯人、阿蘭人、匈奴人、汪達爾人和瑪科曼尼人的燒殺搶掠。許多名媛淑女、神的貞

155　《馬克思恩格斯選集》，第4卷，第148頁。

女、大家閨秀淪為這些野獸的玩物。主教們成為階下囚，長老和其他神職人員遭謀殺，教堂遭蹂躪，基督的聖臺被用來拴馬，殉道聖徒的遺物被挖掘出來。『我們到處都能見到悲哀和不幸，到處都能見到各種形式的死亡。』羅馬世界正在崩裂。」[156]耶羅姆的這種感受正反映了當時羅馬世界的現實。西元三九五年，羅馬帝國正式分裂，羅馬地中海文明中心分崩離析。西元四七六年，西羅馬帝國最後滅亡。西羅馬帝國的滅亡實際上也就宣告了以羅馬為主導的地中海文明的消亡。

第二節　專論

一　中國古代文明進程的物質因素

中國古代文明的萌生與發展建立在祖國先民辛勤勞動的基礎之上，在物質經濟發展的前提下，創造了豐富多姿的遠古和古代文代，中國的古代文明便由此而產生。了解和認識古代先民的生產勞動情況對於研究中國古代文明至關重要。這裡擬選取最具特色也最為重要的一些方面進行探討，主要是農業和建築業的發展情況。

在漫長的舊石器時代，我們的遠古先民主要靠狩獵和採集維持低下的生活。到了新石器時代，隨著生產工具的改進，原始農業開始出現，生產水平得到了較大的提高。在適應不同的自然環境的基礎上，新石器時代的南方和北方的農業生產就已經顯露出地域差別。北方地區以粟的種植為主，屬於仰韶文化的半坡遺址中一些甕、罐和室內的小窖都發現有粟的堆積遺存，多者一處可達數斗。屬於馬家窯文化的青海樂都柳灣遺址墓地的多數墓葬都隨葬著裝滿粟的陶甕，少者一

---

156 〔古羅馬〕耶羅姆：《書信選》（Select Letters of St‧Jerome），LX，第16頁。

個，多者達四個。南方地區的稻作農業已經有了較高水準的發展。著名的河姆渡遺址普遍發現稻穀、穀殼、稻稈、稻葉的堆積，最厚處可達一公尺，充分表現了當時稻作農業的發達。河姆渡遺址發現的大量骨耜，應當是當時最主要的生產工具，在北方用於收割粟的帶齒石鐮是很實用的農具。隨著農業的發展家畜飼養在新石器時代也開始進行。當時北方地區以養豬、犬、雞為主，南方則多養豬、犬、水牛。和捕漁是農業生產的重要補充。

夏商西周時期，農業有了較大發展。《韓非子・五蠹》篇說「禹之王天下也，身執耒臿以為民先」，認為當時上至夏王，下到普通民眾，都以耒臿為生產工具。《尚書・盤庚》篇有如下的記載，說「若農服田力穡，乃亦有秋」，「惰農自安，不昏勞作，不服田畝，越其罔有黍稷」，寫出當時民眾農作的情況。甲骨卜辭裡面，有不少關於「眾」、「眾人」進行各種農作的記載。西周時期，在井田制度下，民眾集體耕作，所以《詩經》上有「亦服爾耕，十千維耦」和「千耦其耘，徂隰徂畛」的說法。當時民眾的農具仍以石製、木製為主，但也出現了數量很少的青銅農具。《詩經・良耜》篇說「其鎛斯趙，以薅荼蓼，荼蓼朽止，黍稷茂止」，說明當時的青銅農具還是比較鋒利的。

就農業生產工具而言，春秋戰國時期比商周時代已經有了很大的發展。許多生產工具已屬鐵製。湖北江陵紀南城水井中出土的鐵刃耒耜，柄長五十九公分，柄下至鐵刃端長五十公分，全長一〇九公分，鐵刃長七公分，刃寬八公分，兩木齒間距三點五公分，耜柄微曲，兩齒稍前傾，是一種很合用的鐵製農具。除了鐵刃的耒耜以外，鐵製的鉏、鋤、鐮、斧等，也是這個時期常見的農具。《管子・輕重乙》篇載：「一農之事，必有一耜、一銚、一鐮、一鉼、一耨、一椎，然後成農」[157]，

---

[157] 這裡提到的銚，指一種大鋤，桑弘羊：《鹽鐵論・申韓》篇謂「犀銚利鋤，五穀之

可見戰國時期的一般農民已經普遍使用了鐵製的農具。《管子‧海王》篇講到設置鐵官的時候謂「耕者必有一耒、一耜、一銚，若其事立」，並且強調「不爾而成事者天下無有」，可見當時的人已經認為「天下」沒有不用鐵製的耒耜銚等農具進行耕作者。戰國中期奉行農家的許行「負耒耜」到滕國，孟子曾經問他「以鐵耕乎」，並且肯定其農具並非許行自己製造，而是「以粟易械器」（《孟子‧滕文公》上）而得到的。可見當時鐵製耒耜應當是相當普及的。這對於農業生產技術的進步起到了積極的推動作用。《論語》記載，春秋末年孔子周遊列國的時候曾在途中遇見「長沮、桀溺耦而耕」，一邊說話，一邊幹活，「而不輟」（《論語‧微子》）。長沮、桀溺的這種耦耕[158]，應當是手執鐵製的耜所進行的勞作。

春秋戰國時期青銅農具和鐵器已經普遍使用。南方地區，特別是江浙一帶，幾乎達到了家家可以製作農器的地步。《考工記》謂「粵

利而間草之害也」，可見與鋤是一種農具。銚與耒、耜一樣，是當時農民必不可少的農具，所以《管子‧海王》篇謂「耕者必有一耒、一耜、一銚，若其事立」。所提到的耨，也是一種鋤，其形制比銚為小。《漢書‧王莽傳》載「予之南巡，必躬載耨，每縣則薅，以勸南偽」，顏注謂「耨，鋤也。薅，耘去草也。」椎，指鐵椎，是一種築土的用具。所謂「銍」，《說文》謂「獲禾短鐮也」，指收穫穀物所用的短小的鐮刀。

158 關於耦耕的具體操作方式，專家們有不同的解釋，主要有以下幾種。一是認為耦耕指兩人各執一耜並肩而耕，同時將耜插入土中，並力翻土；一是認為兩人相對而耕，一人拉動耜上所繫之繩，另一人扶耜操作；一是認為以耜為犁，一人扶耜（即犁），一人在前面拉動而翻土；一是認為一人用耜翻土，另一人在後面碎土，一人在前面拉動而翻土；一是認為一人用耜翻土，另一人用耰在後面碎土。蓋各種相互配合的以耜為工具的耕作方式皆可稱為耦耕，耦耕的實質僅在於「耦」，即兩人協作而耕作。《論語‧微子》無頁數篇所載長沮、桀溺的耦耕方式，從其「耰而不輟」的說法，應當是一人前面翻地，一人在後面碎土和平整土地。《周記‧考工記》無版本、頁數謂「耜廣五寸，二耜為耦，一耦之伐，廣尺，深尺，謂之畎」，開挖畎的時候，二人各執一寬五寸的耜，並排挖土，所以挖出來的畎「廣尺」，即有一尺之寬。這種以「耦」為單位的勞作，與長沮、桀溺的耦耕又不相同。

之無鑄也，非無鑄也，夫人而能為鑄也。燕之無函也，非無函也，夫人而能為函也。秦之無廬也，非無廬也，夫人而能為廬也。胡之無弓車也，非無弓車也，夫人而能為弓車也」，鄭注「言其丈夫人人皆能作是器，不須國工」，說明農具製作技術已經比較普及。浙江永嘉曾經發現一批春秋戰國之際的農具有銅鏟、銅和銅耨。這些農具皆有使用痕跡，證明是當時的實用之物。這些青銅農具，還具有地方特點。例如所發現的銅耨，全器呈箭鏃形，為雙合範鑄制，正中為方銎，中空，上端正反兩面各有一釘孔。其下端器身分兩股向後斜出。兩股的正面均施縱線紋，反面則光素無紋，後緣為鈍邊，前緣有刃。關於耨，《呂氏春秋・任地》篇有載，謂其為「間稼」所用，為耘田除草的農具。永嘉所出土的耨，體薄、有小方銎，兩刃斜出，特別適合在水田中除草所用，適應了「塗泥多草穢」的南方地區稻作農事的需要。一九七七年蘇州也發現了一批春秋戰國之際的青銅農具，包括銅鋤、銅鐮、銅犁等，其中的五件銅鋤有兩件形似馬蹄，弧刃，上端一面有橫梁相連，一面開口，鋤高九點六公分，頂寬十二公分；另有三件，上端兩面都開口，鋤高七點八公分，頂寬十一點九公分。這種鋤中間開口，可以除止泥塗黏連，很適合在水田裡面除草所用。安徽貴池所發現的春秋戰國之際的青銅器中有銅斧、銅鏟、銅耨、銅蚌鐮等農具。其中的四件銅耨的形制與浙江永嘉所發現的類似，只是全器呈不規則的菱形。耨的銎在正中，有弧形隆脊，銎端的兩股刃亦斜出，正面也有突起的縱線紋，為南方水田耘草的用具，使用時可以不黏泥土。所發現的銅蚌鐮，形似蚌殼，長八點五公分，腰寬三點五公分，深一點五公分，底部有兩個圓孔，可以將鐮捆縛於手上割取穀穗，是相當輕便實用的農具。這些農具的發現，證明鄭玄所謂江浙之地「鑄冶之業，田器尤多」的說法是可信的。

　　據可靠記載和考古發現的資料，牛耕的出現可能是在春秋時期。

山西渾源李峪村於上世紀二十年代初期發現的春秋後期晉墓出土有牛尊，特別引人注意的是牛的造型其牛鼻上有鼻環，表明當時的牛已經被人驅使從事勞作。牛與農耕已經聯繫在一起，孔子弟子「司馬耕字子牛」（《史記・仲尼弟子列傳》），晉大力士有名牛之耕者，皆為其證。春秋末年晉臣竇犨謂「夫范、中行氏不恤庶難，欲擅晉國，今其子孫將耕於齊，宗廟之犧為畎畝之勤」（《國語・晉語》九），原來用於宗廟祭祀的牛牲，這時候已經用田畝的耕作。商鞅變法的時候曾經規定「盜馬者死，盜牛者加」（《鹽鐵論・刑德》），之所以加重對於盜牛者的處罰，就是因為牛用以耕田，加重對於盜牛者的處罰就是為了「重本而絕輕」（《鹽鐵論・刑德》）。從《鹽鐵論・散不足》篇所謂「古者……庶人之乘馬者足以代其勞而已，故行則服枙，止則就犁」的情況看，戰國時期可能還有以馬拉犁而耕作者。應當指出的是，牛耕、馬耕等耕作方式雖然在春秋戰國時期已經出現，但踏耜而耕的方式則還保存著，《國語・吳語》謂「農夫作耦，以刈四方之蓬蒿」，這種「作耦」，還是使用耒耜所進行的耕作，直到漢代還有「一人操耒而耕不過十畝」（《淮南子・主術訓》）的說法。

隨著牛耕的出現和普及，原先的耜逐漸演變為犁，耜刃的中部銳凸而成等腰三角形，原來接插耜頭的的地方增大了彎曲度，使所接插的犁鏵入土的斜度增大，利於破土前進。為了使犁鏵加寬而增加翻土的面積，犁鏵便起脊加厚。歷年考古發現所見春秋戰國時期的犁鏵，形制基本相同，如山西侯馬市北西莊東周遺址、河北易縣燕下都遺址、山東滕縣古薛城遺址、河南輝縣固圍村戰國墓葬等盡皆如此。當時的鐵口犁，前端銳利而有直棱，可以加強入土的深度，後端較寬，還沒有翻轉土塊的犁壁出現。雖然直到戰國時期，犁的形制還沒有完全脫離耜的形狀，還保留著一些原始形態，但是其功效卻比耜已經大為提高，並且可以達到深耕的目的。除了耕地之類的大面積的翻地需

要用犁以外，如開溝之類的小型農活仍需用耜操作，為了適應一個人操作的需要，耜的形制在春秋戰國時期也有了改進，許多耜變得比較薄而寬，於是便稱之為軑。一九五七年在洛陽小屯村所發現的戰國時期的墓葬中出土的鐵軑，刃寬達到十九公分。這樣的工具，比較輕便，開挖比較鬆軟的土壤可以提高效率。

農耕技術在春秋戰國時期有了重大發展，農作物的種植已經有了兩熟制。春秋初年，周、鄭關係緊張的時候，「四月，鄭祭足帥師取溫之麥。秋，又取成周之禾」（《左傳》隱公三年），可見同一年的四月間收麥，秋天收禾。隨著耕作技術的進步，戰國時期一年兩熟已經成為普遍現象。禾麥連續種植，可以在一年之內先收穫麥，再收穫禾，亦即《呂氏春秋‧任地》篇所謂「今茲美禾，來茲美麥」。這表明在同一塊土地上可以連續種植作物。春秋戰國之際的墨子曾經憂慮土地物產不足，隨著農業生產技術的提高，兩熟制的普及，糧食產量大為增加，荀子就認為墨子的憂慮不足為訓。荀子說：「夫不足，非天下之公患也，特墨子之私憂過計也。今是土之生五穀也，人善治之，則畝數盆，一歲而再獲之。」（《荀子‧富國》）這裡所說的「一歲而再獲之」，十分清楚地表明同一塊土地只要合理種植，一年是可以收穫兩次的。從墨子到荀子，正是春秋末年到戰國末年的階段，農業技術的提高可以說是顯而易見的事實。

施肥技術在春秋戰國時期已經普及應用。人畜的糞肥是當時的優質肥料。除了各種糞肥之外，腐草也是一種肥料。《詩經‧良耜》謂「其鎛斯趙，以薅荼蓼。荼蓼朽止，黍稷茂止」，這是西周時期的詩篇，可見西周時期就已經知道用腐草為肥料。這種辦法在春秋戰國時期普遍行用，《詩經‧甫田》謂：「今適南畝，或耘或耔」毛傳謂「耘，除草也；耔，壅本也」，除草和壅本亦有將腐草培於莊稼根部為肥料的作用。《禮記‧月今》篇謂「季夏，大雨時行，燒行水，利

以殺草，如熱湯，可以糞田疇，可以美土疆」，正是在盛夏之際以腐爛之草肥田之義。荀子說：「掩地表畝，刺草殖穀，多糞肥田，是農夫眾庶之事也。」（《荀子・富國》）所謂「刺草」，即除去野草而使之為一種肥料。除了野草之外，樹葉也可以為肥料，荀子所謂「水深則回，樹落則糞本」（《荀子・致士》）正是這個意思。當時的灰土肥料，可能是以「糞土」為稱的。孔子批評自己的弟子宰予「晝寢」，說是「糞土之牆不可塚也」（《論語・公冶長》），已經的「糞土」的說法。

對於農作物的病蟲害的防治大約從戰國中期才開始。《商君書・農戰》篇曾經提到蟲害的嚴重性。蟲害發生以後，似乎可以造成糧食顆粒無收的惡果。蝗蟲也是一種危害莊稼甚大的害蟲。戰國時期術士語曾謂「蝗螟，農夫得而殺之，奚故？為其害稼也」（《呂氏春秋・不屈》）戰國時期農民滅蟲的具體方法現在尚不大清楚，史載中只有通過深度中耕來耨除雜草，可以防止「螟域」（《呂氏春秋・任地》）這一項。另外，《詩經》中說，「不稂不莠，去其螟螣，及其蟊賊，無害我田稚，田祖有神，秉畀炎火」（《小雅・大田》），大概火燒也是一種消滅害蟲的辦法。除這兩項以外，其他的措施則不詳。但是無論如何，當時在農作中致力於撲滅蟲害，則還是可以肯定的。

深耕、耨草、間苗等是春秋戰國時期民眾農作技術所十分強調的內容。《國語・齊語》說齊國的農夫在耕作的時候，都力圖「深耕而疾耰之，以待時雨」。所謂「耰」，指播下種籽以後將土摩平，起到覆土壓實以保護種籽的作用。深耕土地，並且在播下種籽後迅速摩平土壤，只待及時雨催促種籽發芽生長，這就是「深耕而疾耰之，以待時雨」的意思。《管子・度地》篇說：「大暑至，萬物榮華，利以疾耨、殺草。」所謂「耨」，就是除草。大暑時節，日照強烈，雜草被劃除之後可以很快被曬死，故謂此時「利以疾耨、殺草」。中耕除草之事，在戰國時期可能要在莊稼生長時期反覆進行，並且要注意中耕的

深度，即所謂「五耕五耨，必審以盡。其深殖之度，陰土必得，大草不生，又無螟蜮」（《呂氏春秋・任地》）。耨除雜草的時候，鋤的深度要達到濕潤之土，不能鋤得太淺。這種耕作方法，就是韓非子所說的「耕者且深，耨者熟耘」（《韓非子・外儲說左上》）。在耨除雜草的時候，還要適時進行間苗。對於間苗的作用，《呂氏春秋・辯土》篇講得很清楚，謂「凡禾之患，不俱生而俱死。是以先生者美米，後生者為秕。是故其耨也，長其兄而去其弟。……不知稼者，其耨也去其兄而養其弟，不收其粟而收其秕，上下不安，則禾多死」。所謂「長其兄而去其弟」，就是留下茁壯之苗，剷除幼弱之苗，以便於莊稼同時成熟而俱得「美米」。

在糧食作物的選擇和培育上，春秋戰國時期特別注意到不同地區對於不同性質的農作物的影響。自西周時期以來，主要的糧食作物已經基本定型。《詩經・七月》載「九月叔苴」、「禾麻菽麥」，《詩經・周頌》載「豐年多黍多稌」。西周時期的農作物有禾、麻、菽、麥、苴、黍等多種。到了西周後期，《詩經・甫田》有「黍稷稻粱」之句，又增加了稷、稻、粱幾種。經過長期的實踐，在春秋戰國時期，人們對於各種糧食作物的性質已經有了深入認識，遂提出「五穀」、「六穀」、「九穀」之說。春秋後期孔子弟子子路曾被人指責為「四體不勤，五穀不分」（《論語・微子》），可見「五穀」之說已經在社會上流傳。《孟子・滕文公》上篇謂「后稷教民稼穡，樹藝五穀，五穀熟而民人育」，雖然將「五穀」之說上溯到後稷，但實際上是以春秋戰國時期的情況推而言之者。《周禮・職方氏》講豫州的情況，謂「其穀宜五種」，鄭注「五種，黍、稷、菽、麥、稻」，此「五種」，即五種穀物，亦即「五穀」。這應當是依據春秋戰國時期中原地區的糧食作物而言者。關於「六穀」之說，見於《周禮・膳夫》，是篇載「食用六穀」，注引鄭司農說有「六穀」的提法。

對於農作物與環境、氣候的關係，春秋戰國時期的人有了更多的認識。《周禮・職方氏》曾經遍數九州各個區域適宜種植的穀物種類，謂揚州和荊州「其穀宜稻」；豫州和並州「其穀宜五種」，即黍、稷、菽、麥、稻；青州「其谷宜稻麥」；兗州「其穀宜四種」，即黍、稷、稻、麥；雍州「其穀宜黍、稷」；幽州「其穀宜三種」，即黍、稷、稻；冀州「其穀宜黍、稷」。這個排列表明當時的人對於各類穀物所適宜的土壤、氣候條件等，都已經有了相當深入的認識。值得注意的是，當時適宜種稻的區域除了南方地區的揚州、荊州以外，還有北方地區的豫州、青州、兗州、幽州和並州。這一方面說明北方地區的氣候條件當時還比較溫暖濕潤，另一方面也說明北方地區水利灌溉事業比較發達，所以許多地區也可以種稻。春秋戰國時期的農作特別強調不誤農時。《呂氏春秋・審時》篇曾經總結了各類糧食作物這方面的情況，這裡可將其所述關於稻、菽兩種作物適宜農時種植和違背農時種植的不同結果的描述稱引如下為例證：

> 得時之菽，長莖而短足，其莢二七以為族，多枝數節，競葉蕃實，大菽則圓，小菽則摶以芳，稱之重，食之息以香；如此者不蟲。先時者，必長以蔓，浮葉疏節，小莢不實。後時者，短莖疏節，本虛不實。

按照合適的農時而播種的菽會豆粒圓大，重量充足，做出飯來有香味，還不生蟲。如果提早種植，則會徒長蔓葉，豆粒小而癟。如果誤了農時，則會菽莖短，生長不良。《呂氏春秋・審時》篇總結不誤農時的經驗說「得時之稼興，失時之稼約」，是相當正確的。對於農時的重視，直接促進了曆法中二十四節氣概念的完善。春秋時期已經有了春分、秋分、夏至、冬至、立春、立夏、立秋、立冬八個節氣，

到了戰國末年，二十四節氣的大部分名稱已經見諸《呂氏春秋》一書。春秋戰國時期的有識之士往往強調不違農時，勸諫統治者不要違背農時而隨意徵發民眾賦役。《管子・山國軌》篇主張「春十日不害耕事，夏十日不害芸事，秋十日不害斂實，冬二十日不害除田。此之謂時作」。所謂「時作」，即依農時而勞作。荀子說：「春耕，夏耘，秋收，冬藏，四者不失時，故五穀不絕，而百姓有餘食也；污池淵沼川澤，謹其時禁，故魚鱉優多，而百姓有餘用也；斬伐養長不失其時，故山林不童，而百姓有餘材也。」（《荀子・王制》）不僅強調農作當遵守農時，而且捕魚伐木諸事也必須遵守一定的時間。孟子曾謂「不違農時，穀不可勝食也。……百畝之田，勿奪其時，數田之家，可以無饑矣。……彼奪其民時，使不得耕耨以養其父母，父母凍餓，兄弟妻子離散」（《孟子・梁惠王》上），充分說明了「農時」對於農耕生產和國家穩定的重要，與民眾的生活是息息相關的。

　　戰國初年魏國的生產力水準，李悝「作盡地力之教」的時候，曾經有所估計。李悝說：「今一夫挾五口，治田百畝，歲收一石半，為粟百五十石。除十一之稅十五石，餘百三十五石。」（《漢書・食貨志》）依照這個說法，魏國農田畝產為一石半。齊國農田產量，似較魏國為低。《管子・山權數》篇謂「高田十石，間田五石，庸田三石，其餘屬諸荒田，地量百畝，一夫之力也」，前人謂這裡所列的「十石」、「五石」、「三石」，皆為十畝所收，則每畝產量多者為一石，少者為五鬥或三鬥，與《管子・禁藏》篇所謂「歲兼美惡，畝收一石」相符合。需要指出是，同樣的土地，付出同樣多的辛苦，只是由於農業技術的高低不同而可能會有迥然不同的效果出現，《管子・乘馬數》所謂「有一人耕而五人食者，有一人耕而四人食者，有一人耕而三人食者，有一人耕而二人食者，此齊力而功地田策相員」，就是一個明證。李悝在「盡地力之教」的時候指出，「治田勤謹，則畝

益三升（斗）；不勤，損亦如之」（《漢書‧食貨志》）。若每畝產量依一石計算，則增產或減產的數量約為三成。銀雀山漢墓竹簡《田法》謂「歲收：中田小畝畝廿斗，……上田畝廿七斗，下田畝十三斗」，其上等田地畝產達到兩石七斗，中等田地畝產兩石，下等田地畝產一石三斗。這裡所說的很可能戰國末年齊國的情況，是齊地糧食產量提高以後的情況的反映。有些國家的肥美良田，產量可以有數倍的提高。例如，鄭國渠建成以後，關中地區得到灌溉的良田「四萬餘頃，收皆謂一鍾」（《史記‧河渠書》）。按照古代計量「十釜為鍾」計算，一鍾當十石。關中地區沃野可以達到畝產十石，這在春秋戰國時期應當是最高的畝產量。依照專家估計，戰國後期所達到的糧食產量水準，在我國長期的封建時代裡面並沒有超出太多。

房屋建築是古代物質生產的重要組成部分。如果說農業所創造的是文明的食物，那麼房屋建築所創造的就是古代文明的空間。

遠古先民尋求居住處所的過程中逐漸開始了原始房屋的建築。新石器時代的半坡遺址與姜寨遺址的村落，就是那個時期人們居住建築的典型。

城市的出現在上古時代的民眾生活中占有重要地位，也是遠古先民建築水準的集中體現。城市是古代先民智慧與創造精神的結晶。春秋戰國時期的城市建築已經有了嚴密的勘測設計和細緻的規劃。在城市建設中，各國以對於都邑建設最為重視。《考工記‧匠人》首列都邑建設時勘查規劃的情況，謂：

> 匠人建國，水地以縣，置槷以縣，視以景。為規，識日出之景與日入之景。晝參諸日中之景，夜考之極星，以正朝夕。匠人營國，方九里，旁三門。國中九經九緯，經涂九軌。左祖右社，面朝後市，市朝一夫。

　　所謂「建國」，意即建立國都。在即將於此建立都邑的地方，匠人要先按照水平面測量地形高低，然後於中央處樹立高八尺的臬，以懸繩的辦法使臬樹立得正直，並且觀察其影來確定東南西北方位，並且以樹臬之處為中心而畫地為圓形，在圓形上作出方位的準確位置。匠人在測量的時候，白晝就參考太陽正午時刻臬影的位置，夜間就參考北極星的位置，從而來校核所確定的東西方向是否準確。匠人在建築都邑的時候，先要確定都邑的大小和總體設計。都邑的規模一般是方九里大小，城的每邊開三個城門。都邑中的道路要有九條南北向的經道，九條東西向的緯道，每條道路的寬度要能容九輛車並行。君主宮外，其左面建築祖廟，其右面建築社，其前面是朝會的處所，其後面是市場的所在。市場和朝會的範圍各方百步。

　　《考工記》所設計的都邑的模式基本上合乎春秋戰國時期各諸侯國都邑的情況。例如，魯國都城在今山東曲阜市，考古勘測資料表明，都邑面積約十平方公里，總周長一一七七一公尺，東城牆長二五三一公尺，南城牆長三二五〇公尺，西城牆長二四三〇公尺，北城牆長三五六〇公尺。城的南、北兩面以洙水為護城河。魯都邑發現城門十一座，東、西、北三面各三座，南面兩座，與《考工記》所謂「旁三門」接近。魯都邑城內發現交通大道十條，其中東西向和南北向者各五條。道路最寬者達十五公尺，與「經涂九軌」的說法接近。魯都邑內建築有宮城、宗廟、社、市等。宗廟區包括周文王廟、周公廟、伯禽廟。由於魯都邑內周人與殷人同時居住，所以城內立有兩社。專家指出，「依魯城內殷人居西、周人居東推測，其西部遺址當為亳社，東部遺址當為周社。朝廷執政之臣執事於兩社之間，當是為了表示其代表全體臣民。其中間通道往北通向公宮，則可由此而請命於魯君。此兩社位於『中城』內宗廟區之西，亦合於『左祖右社』之制」。魯都邑城中的市場在宮城的後面，朝廷執政大臣朝會之處在宮城的前面，

合乎「面朝後市」之制。再如齊國都邑臨淄，位置在淄河西岸，北部為平原，南面是牛山和稷山。其位置東至海，西到中原各個諸侯國，北至燕，西南至魯，都有大道相通，是交通的樞紐地帶。臨淄分為大、小二城，總面積達十五平方公里，總周長約二一四三三公尺。臨淄大城有十二座城門，合乎《考工記》所謂「旁三門」之制。臨淄的宮城建築在小城西北部，市區在大城的西部和小城以北，大城以北分布著不少冶鐵作坊和製骨作坊，這些都合乎《考工記》所謂「面朝後市」的原則。魯國和齊國都邑的情況表明，在建造的時候，確曾有過勘測設計，合理地利用了地理形勢和河流，《考工記》所述的「建國」、「營國」方法和原則是有一定根據的。近年對於春秋戰國時期各國都城的勘查和發掘資料表明，當時各國都邑的宮殿區多集中一定的區域，並且形成明顯的中軸線，其近處往往有鑄造兵器、錢幣等官府手工業作坊的遺址。君主的宮殿區多築有宮城，其周長一般都有數公里。都邑的外廓城範圍比較大，城內分布著居民區和手工業作坊。雖然沒有《考工記・匠人》篇所說的那麼規整，但基本布局則還大致符合。

　　春秋戰國時期的城市建造已經具有較高水準。城市建造在選址時多能充分利用自然環境，進行全面安排。考古工作者曾經對於齊國臨淄故城的排水系統考察研究。臨淄城東臨淄河，西靠系水，其城的東、西城牆即以河岸為基礎而建築，將這兩條河作為自然的護城河。臨淄城在建造的時候，又在大城以南和北城牆以外的地方挖築人工護牆壕溝六一四〇公尺，還在小城以外挖築人工護城壕溝五七八〇公尺，使得淄水、系水和人工護城壕溝相互溝通，四面環繞城牆，構成一個完整的排水網。同時根據南高北低的自然地勢，在築城時設置了精巧而科學的排水道口，使得臨淄城中三大排水系統順利地排泄城內的廢水和積水。臨淄城的排水系統布局合理，構築堅固，反映了設計者的匠心，可以確保臨淄城在乾旱時護城壕內有充足的水量，在雨季

免遭水災之害。關於戰國時期一般城市的規模，銀雀山竹書《守法》篇謂：「戰國者，外修城郭，內修甲戟矢弩。萬乘之國，郭方七里，城方九（里，城高）九仞（仞），池口百步，國城郭，……（郭）方十五里，城方五里，城高七仞（仞），池廣八十步。」[159]可見當時的城市規模是相當可觀的。

　　春秋戰國時期，各國城市的城牆建築普遍采夯築技術。時代較早的一些城市，如河南洛陽的周王城、山東曲阜的魯國都城、山西侯馬的晉國都城等，城牆的牆基都比較窄，為十公尺左右，夯土層每層厚約十公分。時代較晚建築的城市，如山東臨淄的齊國都城臨淄、河北易縣的燕下都、湖北江陵紀南城的楚都郢等，城牆的牆基加寬到二十公尺左右，夯土層也增厚至二十公分左右。河北邯鄲的「趙王城」的城牆壁面至今尚保存有輕微的錘窩和明顯的麻布紋，表明在修築城牆的時候，為了使牆面平整而在夯築以後解去夾板，用麻布襯墊而拍打，以求牆面美觀。為了防止雨水沖刷城牆，「趙王城」的城牆還採用層層套接的辦法，用「凹」字瓦件建成由牆頂向下排泄雨水的槽道，反映了建築技術的進步。

　　在宮室建築方面，春秋戰國時期出現了不少高臺式的建築。貴族宮室的建造，有的先堆土數仞，夯築成堅實的高臺式的堂基，然後再在高臺上建造宮室。這樣的宮室，即有高朗防潮的作用，又表現了貴族居高臨下以顯示尊嚴的心態。魯莊公曾經「築臺臨黨氏」（《左傳》莊公三十二年），吳王夫差築有「臺榭陂池」（《左傳》哀西元年），齊簡公有「檀臺」（《左傳》哀公十四年），都是諸侯之臺而見諸史載者。戰國時期孟子說：「說大人則藐之，勿視其魏魏然。堂高數仞，

---

159 銀雀山漢墓竹簡整理小組：《銀雀山竹書〈守法〉、〈守令〉等十三篇》，《文物》1985年第4期。

榱題數尺,我得志弗為也。」(《孟子‧盡心》下)孟子所謂「大
人」——即權貴——的「堂」有數仞之高,必為高臺建築。從《左
傳》的記載看,這類建築在春秋時期就已經是常見的了。春秋時期的
宮室建築已有斗拱出現。魯國大夫「臧文仲居蔡,山節藻梲」(《論
語‧公冶長》),建造華美的建築供他所養的大烏龜居住。所謂「節」
即指斗拱;「梲」即梁上的短柱。這種建築有像山一樣的斗拱和畫著
藻草的梁上短柱。春秋時期屋頂結構加重,多施以瓦,還要有飛簷外
挑,為了分散屋架橫梁的與立柱連接處所受的重力,便用方形木塊和
前後左右挑出的臂形橫木相互組合,使其承托在橫梁和立柱之間,從
而把屋頂的壓力平均地分散在橫梁上,也增加了飛簷挑出的程度。孟
子所說「榱題數尺」,就是挑出數尺的飛簷,如果沒有斗拱的採用,
這數尺的「榱題」是很難造出來的。斗拱技術的採用為大型建築所
必須,是當時建築水準提高的標識之一。除了斗拱之外,春秋時期宮
室往往丹漆楹柱以進行裝飾。魯國曾經「丹桓宮楹」(《春秋》莊公二
十三年),「刻桓宮桷」(《春秋》莊公二十四年)。丹漆楹柱固然有裝
飾美觀的作用,但是從建築技術方面看,也是對木質結構的一種防腐
措施。

　　陶製的建築材料在春秋戰國時期的建築中已經普遍採用。條形磚
在春秋戰國時建築中常用以貼牆面和鋪地,用來鋪地的條形磚已經不
是手製,而是模壓成型的,其上常飾有各種各樣的花紋。例如,秦都
咸陽所發現的有素面平行線紋、方格紋、太陽紋、米字紋,燕下都所
發現的是山字紋,楚國紀南城所發現的是米字紋、蟠螭紋等。春秋戰
國時期還有條形凹槽磚。這種磚為長方形,正面飾斜方格紋,格內填
以米字形紋或半月形紋,磚的背而中心挖一個長方形凹槽,槽深一般
為磚厚的一半稍差,口小底大。用這種磚來貼牆面,由於磚的凹槽口
小底大,所以黏接較牢固。空心磚在春秋戰國時期的建築中常用來鋪

築大型建築的臺階或踏步，給人以穩重雄偉之感。貴族墓葬的槨室也有用空心磚來建造者。當時還採用陶質的瓦作為建築材料。在春秋時期瓦已經出現板瓦、筒瓦等多種形制到了戰國時期，瓦的使用相當興盛，還形成了各國不同形制的瓦當（圖14、圖15）。

　　春秋戰國時期貴族的宮殿建築十分講究，其建築飾件已有不少采貴重的青銅製作。上世紀七〇年代前期發掘的秦國雍城遺址，不僅發現了繩紋板瓦組成的下水道以及井圈、筒瓦、板瓦、瓦當等建築構件，而且還發現了精美的青銅建築構件六十四件。這些構件集中存放於三個坑窖中，係有意儲藏。這些構件包括陽角雙面蟠虺紋曲尺形構件二件；陽角三面蟠虺紋曲尺形構件三件；陰角雙面蟠虺紋曲尺形構件二件；雙面蟠虺紋楔形中空構件十三件；雙面蟠虺紋單齒方筒形構件二十七件；單面蟠虺紋單齒方筒形構件六件；雙面蟠虺紋雙齒方筒形構件七件；單面蟠虺紋雙齒方筒形構件一件；單面蟠虺紋雙齒片狀構件一件；小拐頭二件。部分構件上有鑄成或鑿出的釘眼，構件內部還餘有朽木，表明這些青銅構件是套在木構件之上而使用的。據專家研究，這些飾件大部分用於建築物的梁枋上，其形狀與後世所見梁枋上的彩繪相似，只有青銅小拐頭形制較小，應當是門窗所用的飾件。據悉，倫敦英國博物館陳列有一件我國春秋時期的青銅飾件，係門扇的下角和下軸，其表面飾吐舌狀的蟠螭紋。這個飾件的作用與秦國雍城遺址所發現的青銅小拐頭相似。

　　從城市建築布局的規整和各國宮殿建築的情況看，當時的各類大型建築應當都有一定的平面設計圖。七〇年代後期河北平山縣發現戰國時期的中山王墓，墓中出土的《兆窆圖》就是對於中山王陵園建築的總體設計平面圖。《兆窆圖》為銅版，版面長九十四公分，寬四十八公分，其上以金銀嵌出文字和王陵園區的平面圖形。圖上有中山王的命令，命令中山國的相邦制定規劃圖，規定陵園內各種建築的闊狹

大小，如果違背規劃而建造，那就是不可赦免的死罪，並且要罪及其子孫。中山王的命令還規定，規劃圖一式兩份，一份隨葬，一份藏於王府。中山王陵所出土的當是其隨葬的那一份。《兆窆圖》十分規整地畫出王陵區四周的宮垣和宮垣內部五個享堂的位置、闊狹大小以及相互間的距離。依照規劃圖，王陵四周有三道長方形的圍牆，最外面的一道圍牆稱為「中宮垣」，中間的一道圍牆稱為「內宮垣」，最裡面圍住墳墓的一道稱為「丘坎」。三道圍牆之間的距離都各自有不同的規定。《兆窆圖》的「丘坎」以內排列五座享堂，最中心的是一座，其文字標識為「王堂方二百尺」。王堂的右側是王后堂，其文字標識是「王后堂方二百尺」。王堂的左側是先已去世的王后的享堂，稱為哀后堂，其文字標識是「哀后堂方二百尺」。王后堂的右側和哀后堂的左側各一規模稍低的享堂，其大小都是「方百五十尺」，可能為中山王夫人的享堂。王堂與兩側的王后堂、哀后堂相距百尺，兩端的夫人堂與王后堂、哀后堂相隔八十尺。在內宮垣和中宮垣的正中部分有門直達王堂，後部的兩垣之間有四個方百尺的宮。考古發掘的資料表明，當時中山王陵園的建築確是按照《兆窆圖》的規劃施工建造的。所發掘的編號為 M1和 M2兩座陵墓，相當於《兆窆圖》上的王堂和和哀后堂，M1的尺度是後壁方四十四公尺，簷柱方五十公尺，臺基方五十二點三公尺，按照當時一尺長貳十三公分計算，和《兆窆圖》所標注的「王堂方二百尺」大體相符。根據中山王陵所發現的《兆窆圖》的情況看，如果推測春秋戰國時期的各類大型建築都在建築之前有詳細的勘查和規劃，應當是大致不錯的。

　　描繪春秋戰國時期貴族生活狀況的青銅器上的紋飾，常繪有當時的樓房。故宮博物院所藏的一件銅鈁上繪有春秋戰國時期的宮室圖，宮室建築在高高的臺基上。下層的屋分為兩間，為木結構，有立柱三根，每間屋各有一個雙扇門，屋的頂柱上有斗拱承枋，枋上列有拱作

平坐。上層的樓只有兩門，沒有立柱，而有欄杆圍護。文獻常有春秋戰國時期貴族居樓的記載，戰國時期趙國的平原君「家樓臨民家」（《史記・平原君列傳》）就是一個著名的例子。春秋戰國時期貴族的宮室住宅常有高大的臺基三〇年代發掘河北易縣燕下都遺址尚存有燕臺五十多處。河北邯鄲發現的的趙王臺有十六處。春秋時期，楚靈王建有著名的「章華臺」。《國語・楚語》上載：「靈王為章華之臺，與伍舉升焉。曰：「臺美夫！」對曰：「臣聞國君服寵以為美，安民以為樂，聽德以為聰，致遠以為明。不聞其以土木之崇高、彤鏤為美，而以金石匏竹之昌大、囂庶為樂；不聞其以觀大、視侈、淫色以為明，而以察清濁為聰。」相傳，章華臺建築得很高，登如許之高臺要休息三次方能登到頂端。從伍舉的言論裡可以看出章華臺確是以其「崇高」、「彤鏤」之美著稱的。章華臺的故址在今湖北潛江縣境，八〇年代中期被發現，是一個由層臺累榭組成的大型園林建築群，所以又稱為「章華之宮」。春秋戰國時期的宮室往往附屬有園囿，成為園林式建築布局。貴族宮室多雕樑畫棟，大加裝飾，春秋初年魯莊公曾經「丹桓宮楹」，「刻桓宮桷」（《春秋》莊公二十三年、二十四年），從宋玉所寫《招魂》一篇所描繪的貴族宮室情況看，可以說戰國時期貴族的室內裝飾比春秋時期更加華美。

　　「國之大事，在祀與戎」（《左傳》成公十三年），為了充分體現這一精神，各諸侯國對於宗廟建築都十分重視。八〇年代初期在陝西鳳翔馬家莊發現時代屬於春秋中期的秦國諸侯宗廟建築群。這個建築群的大門、中庭、朝寢、社等由南向北依次排列，形成建築群的中軸線；建築群的東西兩側配置廂房，左右對稱；建築群的東、西、南、北四面環以圍牆，形成一個全封閉式的宏大院落。整個布局井然有序，規矩整齊，體現了布局者的匠心安排。這個宗廟建築的各個組成部份都建築精良，結構合理。建築群的大門由門道、東西墊、東西半

塾、回廊、散水等組成,相當規整。大門內的中庭為一中間微凹,四周稍高的空場,平面呈長方形。中庭的北面是朝寢建築。前朝之堂平面呈長方形,後寢呈封閉式的長方形。前朝與後寢的東西兩側有兩座形制相同的夾室,平面呈曲尺形。夾室均有門,分設在朝堂的東西牆上,可以由朝堂出入。在朝寢和夾室的北部有三門通向三室。在朝寢建築的周圍有回廊,回廊的四外有散水。在朝寢建築以北有亭臺建築形制的社。朝寢建築及中庭的東西兩側有東廂、西廂。東廂、西廂各由前堂、後室、南北夾室、東(西)三室及回廊、散水等部份組成。宗廟建築群發現兩條排水管道和許多板瓦、筒瓦以及房屋建築的銅構件。當時建築所用的瓦,凹字板瓦的瓦面向下,瓦槽朝上;與板瓦相配的筒瓦的瓦面向上,瓦背向下,均小端插入大端,由屋脊向屋簷依次排列。兩列板瓦之門的瓦縫上扣置筒瓦一列。遺址還發現一種大型筒瓦,很可能是鋪設於屋脊處所用者。遺址發現有素面磚和花紋空心磚。這些都表明當時的建築材料已經相當齊備。

　　東周時期各諸侯國的宮室建築十分講究,充分反映了建築技術的進步情況。春秋戰國時期各諸侯國多有「明堂」。明堂之制,自古有之。最初的明堂並不是什麼雄偉豪華的建築。《呂氏春秋・召類》謂「周明堂茅茨蒿柱,土階三等,以見節儉」,《大戴禮記・明堂》亦謂明堂「以茅蓋屋,上圓下方」,可見它就是以茅草為蓋的方形大房子。這種房子,四面敞亮,光線充足,給人以明亮的感覺。古代的學問家認為夏的「世室」、殷的「重屋」、周的「明堂」是一個類型的建築。作為商王室公共祭祀場所主要建築的堂,應當是「重屋」,亦即當時的明堂。古人認為「明堂者,天子太廟,所以祭祀,夏后氏世室,殷人重屋,周人明堂,饗功、養老、教學、選士皆在其中」,還謂建官、行政、治曆頒朔、耕籍、獻俘等亦常在明堂進行。前引卜辭表明,商王授令、會議、祭祀等大事都曾在「堂」舉行,可見商代的

堂與文獻所載的明堂的功能是大體相合的。孟子謂明堂為「王者之堂」，商代的堂也有這種性質。康丁時期的卜辭載「癸丑卜，其登王堂，於妣辛卯牢」（合集27455片），當時的堂已稱為「王堂」，正是「王者之堂」的意思，表明了當時王權的增強。商代的堂雖然不是唯一的祭祀場所，但是卜辭記載表明，在堂舉行祭祀的次數和規模都遠遠超過在室、寢、宗等處的祭祀。《白虎通義·辟雍》謂「天子立明堂者，所以通神靈、感天地、正四時」，卜辭所載商代的堂正具有明堂的這些功能。到了周代，明堂的建築已經十分講究。王國維指出，「明堂之制，外有四堂，東西南北，兩兩相背，每堂又各有左右二個」，所謂「個」，即正堂兩旁的側室。在四堂四室的中間有一大庭，「此庭之上，有圓屋以覆之，故謂之太室」[160]，如此看來，明堂實為一座龐大的建築群。七〇年代初期山東臨淄郎家莊一號東周墓[161]，發現的編號為 M1：54的漆器圖案中工整地畫出了明堂的形制。這個圖案的中心有一大圓，內繪三獸翻滾，相咬嬉戲。大圓之外繪屋宇四座，兩相對稱。房宇皆平頂，有短柱承托，柱頭有托手，面各三間。其中一座四人皆躬身相向而立，居右者發向後，雙手舉物過首；居左者伸出雙手接物。除右側的送物者外，其餘三人皆腰佩短劍。另外兩座房宇有兩戶分居兩側，中間各有兩人。這個圖案中兩兩對稱的四座房子和其中的大圓所表示的「太室」，就是古代明堂的縮影，與王國

---

160 王國維《觀堂集林》卷三。按，關於明堂在考古發現中所見的實例有五〇年代後期在陝西西安西郊的漢代建築遺址。這個遺址呈方正的平面，建築在一個大圓臺上，建築物的每面各出用方磚鋪地的空敞的廊式抱廈八間，進了抱廈即是廳堂。這個建築的主體是上圓下方的形制，據推測是「西漢末年王莽當政時所作的明堂辟雍」（劉致平：《西安西北郊古代建築遺址勘查初記》，《文物參考資料》 1957年第3期）其位置在漢代長安城南中軸線的東面，形制與《大戴禮記》所記者較為接近，很可能保留有某些東周時代明堂的特徵。

161 山東省博物館：《臨淄郎家莊一號東周殉人墓》，《考古學報》1977年第1期。

維考證後所得出的明堂形制的結論相吻合。在各個諸侯國，明堂可能是其宮殿建築的重要組成部分。

二　中華民族統一發展的一個重要精神支柱

中華民族精神是中華文明的核心和菁華。中華民族精神經歷夏商周三代積澱，終於成就了中華文明的一座豐碑。中華民族精神的深厚凝聚力與宏大氣魄，是中華民族自立於世界民族之林的寶貴財富，也是中華民族綿延久遠、活力無限的一個重要因素。

（一）華夏族的形成與相容並包精神的構築

從很早的古代開始，我國廣袤的大地上就聚居著許多方國部落。在野蠻時代與文明時代之際，黃帝部落和炎帝部落占據著諸方國部落的主導地位。後來的華夏族即濫觴於炎黃部落。各部落之間雖然不乏碰撞、衝突乃至戰爭，但是相互包容和融匯則是其關係的主流。相傳黃帝部落就曾經與炎帝部落打過仗，「戰於阪泉之野，三戰然後得其志」[162]，但是此後黃帝部落卻長期與炎帝部落結為聯盟。這兩個部落的發展，成為後來華夏族的主幹。

炎黃兩大部落的聯盟，表明了兩部族相互包容的可貴精神。遠古時代的各族，在撞擊、衝突及戰爭後，很少有趕盡殺絕、斷其子孫、不留子遺而將對方完全徹底剿滅的情況出現，而常常是只要鬥爭的一方表示服從，即可化干戈為玉帛，雙方握手言歡。炎黃兩部族三戰於阪泉之野卻結為聯盟，就是一個典型的例證。《史記・五帝本紀》說：「天下有不順者，黃帝從而征之，平者去之，披山通道，未嘗寧

---

162 《史記・五帝本紀》。

居。東至於海，登丸山及岱宗；西至於空桐，登雞頭；南至於江，登
熊湘；北逐葷粥，合符釜山而邑於涿鹿之阿。」黃帝族的影響巨大，
在廣泛的區域裡建立了自己的權威，這主要的不是靠武力征討，而是
靠其包容精神。例如，據范文瀾先生《中國通史》第一冊說，以蚩尤
為首領的九黎族戰敗後，「一部分被炎黃族俘獲，到西周時還留有
『黎民』的名稱」。「黎民」成為社會庶民的名稱，表明他們已經融入
炎黃之族。華夏族以包容百川的寬博胸襟，歷經長期發展，成為漢族
的前身，呂思勉先生談及民族關係問題說：

> 一國之民族不宜過雜，亦不宜過純。過雜則統理為難，過純則
> 改進不易。惟我中華，合極錯雜之族以成國，而其中漢族，人
> 口最多，開明最早，文化最高，自然為立國之主體，而為他族
> 所仰望。而漢族以文化根柢之深，用克相容並包，同仁一視；
> 所吸合之民族愈眾，斯國家之疆域愈恢；載祀數千，巍然以大
> 國立於東亞。斯固並世所無，抑亦往史之獨也。[163]

　　這裡所說的「相容並包，同仁一視」的博大胸懷，確實為華夏族
（乃至漢族）發展壯大、蔚為大觀的基本原因之所在。炎黃文化的核
心是華夏諸族同根共祖的觀念，是相容並包共同開創未來的觀念。
這種觀念所產生的強大凝聚力是中華民族屹立於世界民族之林的重要
保證之一，是激勵我們永遠前進的精神動力。炎黃文化成為中國開啟
文明時代的象徵，是諸族凝聚的標誌，是我們偉大民族精神的源頭
所在。
　　黃帝之後的堯、舜、禹時期，依然持以相容並包為核心的凝聚精

163　呂思勉：《中國民族史》，東方出版中心1987年版，第6頁。

神，使華夏族進一步發展。《尚書・堯典》篇說：

> 曰若稽古，帝堯曰放勳。欽明文思安安，允恭克讓。光被四
> 表，格於上下。克明俊德，以親九族。九族既睦，平章百姓。
> 百姓昭明，協和萬邦。黎民於變，時雍。

這裡的意思是，說到考察古代，首先要講的就是帝堯，他名叫
「放勳」。他辦事嚴謹明達文雅謀慮溫和，他誠信恭敬謙讓。他的光
輝普照四方，至於天地。他能夠顯示自己的美德，從而使九族親善。
在九族和睦的基礎上，考察臣下百僚，使百僚明達，以此去協調萬
國的關係。他這樣做，就使黎民大眾繁茂，相互親和。堯的包容精神
的特點在於先安固自己的氏族，再去聯合其他諸族，然後影響到天
下，目標在於使天下「萬邦」間都有良好的關係，天下萬民都能夠和
睦相處。

進入文明時代以後，歷經夏、商、西周時期的長期發展與相互交
往，各個方國部落星羅棋布地居住在以黃河和長江流域為中心的地
區。春秋戰國時期是華夏族形成的重要時期。西周末年，周王朝的史
伯曾謂「王室將卑，戎狄必昌，不可逼也」[164]，認為周王室的衰落與
諸少數族的興起是並行不悖而且其間有所關聯的兩個事情。春秋戰國
時期，華夏族與諸少數族加快了相互融合的速度，各族間頻繁往來，
經濟發展上相互補充，文化上相互吸收精華，在政治上許多少數族的
國家併入泱泱大國的版圖，使得相互影響、相互融合有了更便利的條
件。經過春秋戰國時期社會的劇烈動盪和迅速發展，諸少數族都或多
或少地在社會生活的各個方面，都在向華夏族諸國靠近，創造出輝煌

---

164 《國語・鄭語》。

燦爛的諸少數族的經濟與文化。並且對於整個華夏族也產生著重要
影響。

特別值得注意的是，在西周春秋時期諸少數族與華夏族的互動影
響。而從這個影響中，我們可以清楚地看到中華民族那種博大的胸懷
和相容精神。總之，歷經夏商周三代的發展，以華夏族為主體的諸族
逐漸融匯，相互交流，使得華夏族不斷發展壯大。這不僅為秦漢大帝
國的出現奠定了社會成員構成方面的基礎，而且華夏民族精神也在這
個過程中得以錘鍊，再經春秋戰國時期的諸子百家思想精英的總結與
昇華，可以說中華民族的偉大民族精神在先秦時期已經基本形成。

（二）華夏諸國對諸少數族的政策

相容並包的民族精神在春秋戰國時期的華夏族各國的理念中有很
好的體現。春秋時期有遠見卓識的人物往往採取「和戎」的政策對
待諸少數族。史載春秋初年，魯隱公曾經「會戎於潛，修惠公之好
也」[165]，儘管魯隱公這次拒絕了戎人與魯盟誓的請求，但是魯惠
公、魯隱公相繼跟戎保持友好，則還是可取的做法。魯隱公二年
（721年）秋天，魯還是答應了戎的請求而與之盟誓於唐（今山西曹
縣東南），並且於魯桓公二年（前710年）魯桓公「及戎盟於唐，修舊
好」[166]，與戎的關係更近了一步。晉悼公曾經主張出兵攻伐戎族，謂
「戎、狄無親而好得，不若伐之」[167]，大臣魏絳卻提出晉應當採取
「和戎」的政策，他說：

　　　和戎有五利焉：戎、狄薦居，貴貨易土，土可賈焉，一也。邊

165　《左傳》隱公二年。
166　《左傳》桓公二年。
167　《國語・晉語》七。

鄙不聳，民狎於其野，穡人成功，二也。戎、狄事晉，四鄰振動，諸侯威懷，三也。以德綏戎，師徒不勤，甲兵不頓，四也。鑒於後羿，而用德度，遠至邇安，五也。[168]

　　魏絳所有這些說法的出發點，顯然是晉國的利益，但是在客觀上對於晉境諸少數族的發展也是有利的。魏絳曾受命招撫晉境諸少數族，使晉國有了比較安定的後方，這對於晉國霸業的繼續發展有著積極意義，正如魏絳所謂「夫和戎、狄，國之福也」[169]。晉卿欒武子採取「和戎」的政策，使得「戎、狄懷之」[170]，就被晉臣傳為美談，晉悼公自己也曾對於魏絳說：「子教寡人和諸戎狄以正諸華，八年之中，九合諸侯。」[171]肯定和戎政策的卓著成果。從晉國歷史發展看，諸戎族確曾作出了很大貢獻。戎族君長戎子駒支曾謂戎族曾經全力在晉境開發土地，並且以此為根據批駁晉卿的無理指責。他謂「南鄙之田，狐狸所居，豺狼所嗥，我諸戎除翦其荊棘，驅其狐狸豺狼，以為先君不侵不叛之臣」[172]。居住於晉境的戎族受華夏文化薰陶，已經有了相當水準的發展，史載戎子駒支朝晉的時候，在據理力爭以後，「賦《青蠅》以退」[173]。《青蠅》是《詩經・小雅》中的詩篇，其中有句謂「豈（愷）弟（悌）君子，無信讒言」、「讒人罔極，構我二人」之句，戎子駒支賦此詩，相當恰當地指出晉卿信讒而毀棄與戎交好政策的錯誤，實際批評了晉卿，但又給晉卿留些面子，只言其為讒言所致。戎子駒支對於詩句意蘊的掌握相當深刻，其文化素養不在一

---

168 《左傳》襄公四年。
169 《左傳》襄公十一年。
170 《國語・晉語》八。
171 《左傳》襄公十一年。
172 《左傳》襄公十四年。
173 《左傳》襄公十四年。

般華夏族國家貴族之下。戎族對於周的各種禮儀並不陌生。例如，史載魯隱公七年（前716年）「戎朝於周，發幣於公卿，凡伯弗賓。冬，王使凡伯來聘，還，戎伐之於楚丘以歸」[174]。依照當時的朝聘禮，朝聘者要向公卿致幣，即饋贈財物，公卿受幣以後應當設宴招待，並且回贈財幣。周的凡伯在接受戎的聘問者的財禮以後竟然置若罔聞，所以在凡伯聘魯歸返路上被戎劫持。此事表明，戎朝周的時候實行了應當完成的禮儀，而凡伯則失禮。

　　華夏族的各諸侯國對於諸少數族除了採取和戎的政策以外，有時候也用欺詐的手段以求一逞，並且往往將少數族作為當權者實施內政、外交政策的籌碼。例如，春秋後期晉、楚爭霸的時候，楚國以咄咄逼人的氣勢北上，擊潰稱為「蠻氏」的戎族，蠻氏的首領逃奔到晉國的陰地（今河南盧氏縣東北）。晉國執政之卿趙孟不敢與楚抗衡，謂：「晉國未寧，安能惡於楚？必速與之！」命令採取欺詐的手段俘獲逃奔晉地的蠻氏首領及其族眾，以交付楚國，以表示晉對楚國的「友好」。史載：晉臣士蔑聽從趙孟命令以後，「乃致九州之戎，將裂田以與蠻子而城之，且將為之卜。蠻子聽卜，遂執之與其五大夫，以畀楚師於三戶。司馬致邑立宗焉，以誘其遺民，而盡俘以歸」[175]。就這樣蠻氏的戎族成為晉、楚政治交易的犧牲品，使得楚國完全俘獲了蠻氏之民。值得注意的是參與對蠻氏欺詐的，除了晉臣以外，還有「九州之戎」，即陸渾戎。陸渾戎於魯昭公七年（前525年）為晉收編為九州，稱為九州之戎。此時其首領參與欺詐蠻氏，無異於為虎作倀。

　　華夏族諸國對於諸少數族有一定的敵愾意識，鄙視諸少數族成為華夏諸國貴族，甚至一般民眾的比較普遍的觀念。當時許多人的觀念

174　《左傳》隱公七年。
175　《左傳》哀公四年。

裡面，華夏與戎諸少數族之間有一條似乎是不可逾越的界限。管仲對齊桓公所說「戎狄豺狼，不可厭也，諸夏親昵，不可棄也」[176]，周大夫富辰謂「狄，豺狼之德也」，「狄，封豕豺狼也，不可厭也」[177]，可謂代表性質的言論。春秋中期，周定王曾經談及周王朝對於戎狄的看法和禮節，謂「夫戎、狄，冒沒輕，而不讓，其血氣不治，若禽獸焉。其適來班貢，不俟馨香嘉味，故坐諸門外，而使舌人體委與之」[178]。這是一派相當典型的對戎狄表現輕蔑的言語，周王朝接待戎狄使臣是最差的禮節，甚至讓其使臣坐到門外。春秋前期周襄王聯絡狄人伐鄭的時候，周大夫富辰力諫，認為鄭為姬姓諸侯國，而狄與周關係疏遠，所以「棄親即狄，不祥」[179]。他說：「耳不聽五聲之和為聾，目不別五色之章為昧，心不則德義之經為頑，口不道忠信之言為嚚。狄皆則之，四奸具矣。」[180]其將狄人視為愚昧落後的典型顯然是錯誤的說法。春秋前期，周將陽樊之邑賜晉，邑人不服，晉即派兵圍攻陽樊，邑中的倉葛就曾經說：「夫三軍之所尋，將蠻、夷、戎、狄之驕逸不虔，於是乎致武。」[181]認為蠻、夷、戎、狄諸族若不聽令，才可以動武使其順服，認為晉軍圍攻陽樊是錯誤的做法。周卿單襄公也曾謂「蠻夷戎狄，不式王命，王命伐之，則有獻捷，王親受而勞之，所以懲不敬、勸有功也」[182]，也認為只有蠻夷戎狄才是華夏諸國的討伐物件。

華夏諸國的這種敵愾意識，實際上是周代實行分封制的必然結

---

176 《左傳》閔西元年。
177 《國語・周語》中。
178 《國語・周語》中。
179 《國語・周語》中。
180 《左傳》僖公二十四年。
181 《國語・周語》中。
182 《左傳》成公二年。

果。按照周代分封制的原則，姬姓諸侯國實為以周王朝為核心的諸侯國的中堅力量，再擴大一些便是夏、商後裔。春秋時期諸侯爭霸的時候，華夷之辨的主要目的在於加強姬姓諸侯國之間的聯繫。春秋後期，由於邾、莒等東夷小國的控告，所以晉將赴晉的魯國大臣季孫意如關押起來，魯臣子服惠伯就向晉國正卿中行穆子講了一番道理，謂：「魯事晉，何以不如夷之小國？魯，兄弟也，土地猶大，所命能具。若為夷棄之，使事齊、楚，其何瘳於晉？親親、與大，賞共、罰否，所以為盟主也。」[183]其主旨是在講，按照分封制的原則，魯與晉為兄弟之國，晉國理應予以照顧，因為晉與魯的關係要比邾、莒等夷族國家的關係要近得多。所謂「親親」，意即親近所當親的兄弟之國，夷族小國當然要排除在「親親」範圍之外。魯昭公二十三年（前519年）邾與魯爭訟於晉，晉要讓魯國使臣叔孫婼與邾國君主對簿公堂，叔孫婼即謂「列國之卿當小國之君，固周制也。邾又夷也。寡君之命介子服回在，請使當之，不敢廢周制故也」[184]。他所舉出的關鍵理由在於華夏諸侯國的使臣要比夷狄小國的君主高貴得多，所以只能讓魯國使臣的副介與邾君對質訴訟。叔孫婼稱其為「周制」，可見在當時的制度和觀念裡面，華夏與夷狄的地位是不可相提並論的。魯定公十年（前500年）齊魯兩國君主夾谷之會的時候，齊景公唆使萊人欲劫持魯定公，孔子指揮魯國軍隊自衛，並且說：「兩君合好，而裔夷之俘以兵亂之，非齊君所以命諸侯也。裔不謀夏，夷不亂華，俘不幹盟，兵不逼好。」[185]所謂的「裔」，指華夏諸侯國以外的區域。「裔不謀夏，夷不亂華」，確是春秋戰國時期華夏諸侯國共同的觀念。

就社會經濟文化發展水準而言，華夏諸國一般說來要比諸少數族

183　《左傳》昭公十三年。

184　《左傳》昭公二十三年。

185　《左傳》定公十年。

的國家和地區先進，但也並非絕對如此，諸少數族的經濟與文化對於
華夏諸國也有相當的影響。戰國時期趙武靈王的胡服騎射就是一個例
證。趙武靈王的叔父公子成對於諸少數族採取鄙視的態度，謂「中國
者，聰明睿知（智）之所居也，萬物財用之所聚也，賢聖之所教也，
仁義之所施也，詩書禮樂之所用也，異敏技藝之所試也，遠方之所觀
赴也，蠻夷之所義行也」[186]。在他看來，蠻夷只有學習華夏諸國的份
兒，而華夏諸國怎麼可以學習少數族的習俗呢？趙武靈王與公子成的
認識不同，他說：「被髮文揣，錯臂左衽，甌越之民也。黑齒雕題，
鯷冠秫縫，大吳之國也。禮服不同，其便一也。是以鄉異而用變，事
異而禮易，……中國同俗而教離，又況山谷之便乎？」[187]對於服飾習
俗的區別，趙武靈王採取了客觀分析的態度，認為少數族的習俗也有
可取之處，因為「禮服不同，其便一也」。從總的情況看，諸少數族
在春秋戰國時期吸收了華夏族的先進文化，並且逐漸融合進了華夏
族，可是諸少數族也各自有自己經濟與文化發展的特點，華夏族與諸
少數族的融合實際上是一個相互學習和促進的過程。

（三）中華民族精神的奠基

中華民族精神是長期構建與積澱的結果。先秦時期是古代中國民
族精神構建的時代。夏商周歷經三代的長達千年之久的文化積累到了
周公與孔子的時代進行了兩次大規模的總結。天下一家的統一精神、
自強不息的開拓精神和厚德載物的相容精神構成了古代中國民族精神
的基本點。這些精神的奠基是先秦時期所完成並為後世長期所發展
的。漢唐雄風展示了中國古代民族精神「外王」方面的開拓，而魏晉

---

186 《戰國策・趙策》二。
187 《戰國策・趙策》二。

玄學和宋明理學則在「內聖」方面有了深入的進展。這些都為古代中國民族精神的發揚蹈厲做出了重大貢獻。

先秦時期是古代中國民族精神構建的時代。古代中國的民族精神濫觴於炎黃氏族時代，後來，夏商周歷經三代的長達千年之久的文化積累到了周公與孔子的時代進行了兩次較大規模的總結。周公在平定三監之亂以後所進行的「制禮作樂」，雖然表面上看起來只是以周文化融匯夏商文化的具體摹劃，但實質上是一次深刻的精神構建，它用宗法和分封的原則將各個地區各個部族的人們廣泛地聯絡起來。其網路構造不僅是政治的、經濟的，更重要的在於它是文化的、精神的，人們有了統一的網路進行交流，這個網路就是設計合理而巧妙的宗法與分封制度。在這個網路中，各個階層的人們都必須共同遵照一些原則精神行事，這樣的原則精神保證了網路構造的正常運行，從而使周王得以穩固。戰國時人曾經這樣解釋構建分封與宗法的良苦用心：

> 先王之法，立天子不使諸侯疑焉，立諸侯不使大夫疑焉，立適子不使庶孽疑焉。疑生爭，爭生亂。是故諸侯失位則天下亂，大夫無等則朝庭亂，妻妾不分則家室亂，適孽無別則宗族亂。[188]

在這種預設的結構中，各階層人們的社會地位穩定，相維相依又相互牽制、避免爭競。其中所貫徹的精神，在周代影響很大。分封與宗法不僅保證了在一個較長時段裡面社會政治與秩序的穩定，而且保證了社會各階層人們精神的和諧。雖然矛盾與衝突還是不可完全避免與忽視的周代社會現象，但它畢竟不是社會的主流，從成康之治到昭王南征與穆王西行，以至於到宣王中興，處處都可以看到一個比較和

188　《呂氏春秋・慎勢》。

諧的社會秩序的構建的成果。可以說，周代社會的民族精神是融匯於制度之中的。在周王朝建立百年之久的時候，周穆王曾發布文告說：

> 嗚呼，念之哉！伯父、伯兄、仲叔、季弟，幼子、童孫，皆聽朕言，庶有格命。今爾罔不由慰日勤，爾罔或戒不勤。天齊於民，俾我一日；非終惟終，在人。爾尚敬逆天命，以奉我一人！雖畏勿畏，雖休勿休。惟敬五刑，以成三德。一人有慶，兆民賴之，其寧惟永。[189]

　　這段話的意思是說：大家都要想著點啊！這才差不多可以享有天命。你們都以自己勤勞王事而自慰，也都用不著告誡自己不要懶惰。天為了治理民眾，才給了我們統治天下的時間。能否最終成功，全在我們自己。你們要奉迎天命，幫助我治理國家。遇到可怕的事情，不必害怕，遇到喜事，也不要過分歡樂。要審慎地使用五刑，成就正直、剛克、柔克這三種德行，作為周天子，我一人有了喜慶之事，天下億萬民眾都會受益，他們的安寧才會長久。這裡所稱謂的對象——即「伯父」、「伯兄」等直到「童孫」，指的都是長輩或同輩及晚輩的諸侯或卿大夫。他們遍布王畿內外、全國各地，是周王朝與各地區各階層聯繫的關鍵與紐帶，而「伯父」至「童孫」，則完全是血緣關係的符號。這種政治層面的上下級關係是融匯於血緣關係之中的。周王朝實際是以周天子為首的一個大家族。天下長治久安的關鍵就在於「伯父」至「童孫」們的齊心協力。這種宗法血緣關係，一直到兩周之際我們還能夠明顯地看到。周平王賞賜晉文侯的冊命文書裡，還籲請作為「伯父」輩的晉文侯「其伊恤朕躬」，「追孝於前文人，汝多

---

189 《尚書・呂刑》。

修，扞我於艱」[190]。

　　當秦的統一戰爭硝煙散盡的時候，中華民族精神的構建才算基本完成。呈現於世界民族之林的中華民族精神，約略可以概括出以下幾個基本點[191]。

　　一是，天下一家的統一精神。「以天下為一家」之語見於《禮記·禮運》。語謂：

　　　　聖人耐（能）以天下為一家。以中國為一人者。非意之也。必知其情。辟於其義。明於其利。達於其患。然後能為之。

　　「天下一家」之辭，漢以後習見，而這種觀念在先秦時期已經出現。從炎黃堯舜的時代開始，天下統一這個觀念一直是人們精神的基本架構的支柱之一，戰國時人曾經這樣進行說明：「唐虞之道，禪而不傳。堯舜之王，利天下而不利也。禪而不傳，聖之盛也。利天下而弗利也，仁之至也。古（故）昔賢人聖者女（如）此。身窮不均，仁（？）而弗利，窮仁矣。必正其身，然後正世，聖道備矣。」[192]當時人們認識到古代聖王之所以「利天下」，是因為他們具有仁愛之心。他們所關注的不是一家一族，而是整個「天下」[193]春秋前期魯國人曾

190　《尚書·文侯之命》。

191　關於中華民族精神的基本點，專家所言甚多。這裡參考了張岱年先生的論述，並且僅就古代中國（特別是先秦時代）的情況來討論。

192　荊門市博物館編：《郭店楚墓竹簡》，文物出版社1998年版，第157頁。

193　史載，三代聖王往往以天下之主自任，可舉一例以明之。周文王時「使人扣池，得死人之骸，吏以聞於文王，文王曰『更葬之。』吏曰：『此無主矣。』文王曰：『有天下者，天下之主也；有一國者，一國之主也。今我非其主也？』遂令吏以衣棺更葬之。天下聞之曰：『文王賢矣，澤及髐骨，又況於人乎？』」（《呂氏春秋·異用》）。

經追述唐堯時代人們對於屬於高陽氏的「才子八人」的評語「齊聖廣淵，明允篤誠。天下之民謂之八愷」[194]，認為那個時代「天下之民」已經有了統一的道德評價標準。春秋後期的人謂「周公相王室以尹天下」[195]，認為周公所治理的不僅是周王朝，而是「天下」。在先秦時人的心目，虞夏商周既是朝代的名稱，又是「天下」的代稱。戰國時人認為「以天下之目視，則無不見也。以天下之耳聽，則無不聞也。以天下之心慮，則無不知也」[196]，這就把天下一家的思想發揮到了很高的程度。先秦時期，大略而言，人們的社會地位是氏族或宗族的，但人們的眼光並不侷限於氏族或宗族，而是天下的、統一的。先秦時代的統一精神雖然與秦以後的情況有不小的區別，但其基本理念是一致的，不同的只是形式。

　　二是，自強不息的開拓精神。「自強不息」一辭見於《周易・乾卦》象傳，語謂「天行健，君子以自強不息」，這是人們從天象而感悟人道，認為人應當像自然的運行那樣生生不息，不斷前進。這種開拓精神至少應當是包括了兩個方面的，首先是「形而下」的物質層面的東西，包括疆域的拓展、政治的穩固、經濟的繁榮等等，其次是「形而上」的精神層面的內容。春秋時期孔子在回答魯哀公關於什麼人可以稱為「君子」這一問題時說：「所謂君子者，言必忠信而心不怨，仁義在身而色無伐，思慮通明而辭不專；篤行通道，自強不息，油然若將可越而終不可及者。此則君子也。」[197]孔子強調「自強不息」的目標在於擁有君子的德行與道義，具體行動起來就要不斷超越，永不自滿而停止。這種勇於開拓的精神對於民族心理結構的優化

---

194 《左傳》文公十八年。
195 《左傳》定公四年。
196 《管子・九守》。
197 《孔子家語・五儀解》。

甚為重要。「篤行通道」，就意味著心靈的不斷淨化，道德意識的不斷
提升。

　　三是，厚德載物的相容精神。「厚德載物」源自《周易‧坤卦》
象傳，語謂「地勢坤，君子以厚德載物」，這裡以地之廣博深厚，比
喻人所應當具有的寬廣胸襟和包容精神。這種精神的核心在於對於他
人他族他國的關愛。所謂「愛人」，就是要有利於、有德於他人[198]。
相傳堯的時代就做到了「九族既睦」，「協和萬邦」[199]，商王朝立國之
君成湯在野外捕鳥的時候，其祝詞是「欲左，左；欲右，右。不用
命，乃入吾網」，這裡象徵了湯所實行的部落方國聯盟堅持了「欲
左，左；欲右，右」一樣的包容精神。周王朝繼續高揚相容並包的精
神，做到「柔遠能邇」，懷柔遠邦，親睦近鄰，造就了「方行天下，
至於海表，罔有不服」的宏大局面[200]。這種胸襟寬廣的包容精神，自
大處而言，是對於他國他族的包容，自小處而言，是對於他人的包
容。此外就人與自然的關係而言，這種精神亦主張天人合一，人與自
然和諧相處。這種相容並包的精神，在先秦時期常常稱為「中和」或
「和合」，《禮記‧中庸》所謂「中也者，天下之大本也；和也者，天
下之達道也。致中和，天地位焉，萬物育焉」，就是這種精神的準確
表達。

　　總之，先秦時期所構建完成的中華民族精神是以上三點為核心內

---

198 先秦時期對於這一點的認識是明確的。例如，在《左傳》襄公三十一年載子產語
　　謂「人之愛人，求利之也」無頁數，《管子‧形勢解》謂「其愛人也，其有德於人
　　也」無頁數等，皆為其證。孔子之前已有「愛人能仁」（《國語‧周語》下無頁
　　數）、「欲人之愛己也，必先愛人」（《國語‧晉語》四）的說法，孔子述其仁學理
　　論謂「仁者愛人」（《孔子家語‧三恕》），後來《孟子‧離婁》下、《荀子‧議兵》
　　等亦提及此語，皆為這種思想的高度概括。

199 《尚書‧堯典》。

200 見《尚書‧文侯之命》、《立政》等篇。

容的。當然，我們還可以舉其他的一些內容，如注重傳統、刻苦勤勞、善於總結歷史經驗等，可是就其核心內容而言，恐怕還以以上三點最為重要。

需要指出的一點是，普遍性的精神的構建，雖然在先秦時期已經完成，但這構建並非一勞永逸的事情。它雖然已經是各族人民的共識，但其普及和深入的程度還不能算是很深層次的、特別穩固的，許多方面的思想內容尚需今後不斷地進行補充和發展。雖然先秦時代的民族精神至孔子的時代已經初步構建完成，孔子和儒家學派也曾經進行過認真詮釋和論證，但畢竟在社會上還沒有廣泛深入於人心。那個時代，在社會上占主導地位的精神，還多存在於制度層面。在這方面，宗法精神就是一個典型例證。兩周時代，宗法由盛而衰經歷了漫長時間的發展，其以血緣為核心的宗法精神，一直為貴族在宗法制度中所體悟與堅持，表現了堅忍不拔的英雄氣概。

三　中國國家形成和發展的一個特色——和諧之途

（一）

中國古代國家的形成和發展走著與西方多數國家頗不相同的發展道路。這一點在很大程度上促進了中國古代歷史的長久發展和在廣大地域範圍內的國家的統一。

恩格斯在他的偉大著作《家庭、私有制和國家的起源》一書中，以古代希臘、羅馬和日爾曼的社會發展情況為依據揭示了國家起源的道路，那就是徹底打碎氏族制度，在它的「廢墟」上建立起國家，「氏族制度已經過時了，它被分工及其後果即社會之分裂為階級所炸

毀。它被國家代替了。」[201]這的確是古代希臘、羅馬及日爾曼國家形成的道路，但是恩格斯並沒有說它是世界上一切地區所有的古代國家形成的道路。後來郭沫若先生在研究中國古代社會的時候，曾經敏銳地覺察到恩格斯並沒有提及古代中國的問題，但是他依然按照打碎氏族以建立國家的思路來探討中國古代社會性質問題。現在，我國許多學者深入考察了古代中國氏族長期存在的史實，多已認識到中國古代國家起源的道路走著與古代希臘、羅馬及日爾曼不同的道路，即並沒有打碎氏族制度，而是在普遍存在的氏族組織的基礎上濫觴國家的萌芽，國家與氏族長期並存來使早期國家完善與發展。這是具有古代中國特色的國家形成與發展的道路。

　　具體來說，這是一條怎樣的道路呢？

　　依照以往的理解，這是一條在社會階級矛盾激化、階級鬥爭尖銳的情況下，而必須由國家機器實行專制與鎮壓的道路。簡而言之，這是一條構建壓迫之路，國家就是為這個目的而創造出來的工具。這個認識不能說是不對的。國家的確是階級壓迫的工具，它從一開始就具有鎮壓敵對階級的功能。應當說這個認識是符合馬克思主義理論的正確認識，但若僅僅注意到這一點，可能不夠全面，即並沒有全面的領會馬克思主義階級與國家的理論，也不完全符合古代中國國家產生的歷史實際。

　　馬克思主義的國家學說不僅指出了國家是階級壓迫的工具這個方面，而且也明確地指出了另一個方面，即國家是階級鬥爭的「緩衝器」，是構建社會和諧的工具。就在《家庭、私有制和國家的起源》這部著作中，恩格斯在指出國家是階級矛盾的產物的同時，還指出：

201　《馬克思恩格斯選集》第4卷，第165頁。〔版本較老〕

> 國家是承認：這個社會陷入了不可解決的自我矛盾，分裂為不
> 可調和的對立面而又無力擺脫這些對立面。而為了使這些對立
> 面，這些經濟利益互相衝突的階級，不致在無謂的鬥爭中把自
> 己和社會消滅，就需要有一種表面上凌駕於社會之上的力量，
> 這種力量應當緩和衝突，把衝突保持在「秩序」的範圍以內：
> 這種從社會中產生但又自居於社會之上並且日益同社會脫離的
> 力量，就是國家。[202]

恩格斯在這裡所強調的是國家這種力量的出現，其目的是為了
「緩和衝突，把衝突保持在『秩序』的範圍以內」。國家的這種緩和
衝突的功能主要不是依靠鎮壓的手段，而是靠國家的管理功能來實現
的。國家管理功能的所達到的目標，應當是社會的和諧。摩爾根在
《古代社會》一書中說：「社會的利益絕對地高於個人的利益，必須
使這兩者處於一種公正而和諧的關係之中。……管理上的民主，社會
中的博愛，權利的平等，普及的教育，將揭開社會的下一步更高的階
段，經驗、理智和科學正不斷地向這個階段努力。這將是國代氏族的
自由、平等和博愛的復活，但卻是在更高的形式上的復活。」早期國
家功能所要達到的終極目標即在於此。恩格斯把摩爾根的這個論斷放
在他的《家庭、私有制和國家的起源》一書的結尾，並且完全贊同這
個說法。其實，氏族制之下的氏族、胞族和部落、部落聯盟的權力體
系中已經蘊含著的通過管理功能所達到的目標，在早期國家那裡是得
以傳承並且發展的，這可以說是舊傳統在新形式下的「復活」。國家
當然是超出於氏族之上的力量，然而在它開始出現不久的時候，它與
氏族、部落、部落聯盟「脫離」的距離還不是很大，這個距離依照恩

---

202 《馬克思恩格斯選集》第4卷，第166頁。

格斯的說法是在「日益」增大的，而不是一蹴而就所形成的高懸於社
會之上的鎮壓之劍。按照古代中國的情況，最初的國家和氏族部落之
間並沒有一條截然的界限，不寧唯是，而且由氏族部落到國家的發
展，還是一條長期漸進的漫長的道路。氏族那種維持公正與和諧的傳
統在早期國家中的長期保存，也就不是不可以理解的事情了。

　　就古代中國早期國家起源與形成的歷史看，國家的「緩和衝突」
的功能表現得還是比較明顯的。說到這裡，我們不能不來討論一下學
術界很有影響的「酋邦」學說。這個學說為上世紀五十年代美國的人
類學家所提出，和傳統的氏族、部落聯盟說比較而言，它是解釋前國
家時代社會發展的新概念，對於補充和發展馬克思恩格斯的相關理論
有一定的積極作用。這個學說從上世紀七、八十年代以來在張光直、
謝維揚、沈長雲等著名學者的深入精到地解釋下，用以研究古代中國
的早期國家問題，並取得了可觀的成果。可是，還有一些問題，尚有
繼續研究的餘地。除了古代中國有沒有一個「酋邦」時代這個應當再
探討的重要問題之外，「酋邦」的理論走向也很值得斟酌。它的理論
走向是強調專制國家的萌芽早在酋邦時代就已經出現。據說在這個時
代已經有了「世襲等級制」，「專制主義和君主制的因素已經出現」，
據說這樣發展的後果就必然是古代中國的早期國家從一開始就較歐洲
具有濃厚的專制主義色彩而缺乏民主的傳統[203]。「酋邦」學說中有意
無意地回避（或者說弱化）了原始時代氏族為社會組織的基本細胞這
一基本原則，而代之以「遊團」之類的模糊說法。氏族是原始時代社
會基層組織單位這一個基本原則決定了那個時代的專制主義和君主制
的因素不可能占有主導的（或者說是重要的）地位。馬克思指出：

---

[203] 參見沈長云：《酋邦、早期國家與中國古代國家奇緣及形成問題》（《史學月刊》
2006年第1期）、易建平：《酋邦與專制政治》（《歷史研究》2001年第5期）、《從摩
爾根到塞維斯：酋邦理論的創立》（《史學理論研究》2008年第4期）等文。

「氏族這種組織單位本質上是民主的,所以由氏族組成的胞族,由胞族組成的部落,以及由部落聯盟或由部落的融合(更高級的形態)……所組成的氏族社會,也必然是民主的。」又說:「君主政體是與氏族制度不相容的。」[204]氏族、部落、部落聯盟內部當然也有各種社會矛盾,部落間也會有戰爭廝殺,甚至有殘忍的獵頭之俗,然而在每一個級別的社會組織內容則是以民主與和諧為主導的,氏族、部落和部落聯盟不可能是專制主義和君主制的溫床。

五帝時代是大家公認的古代中國早期國家起源的關鍵時期。夏商周三代可以說是古代中國早期國家形成和初步發展的時期。從相關歷史記載和考古資料中,我們可以比較清楚地看到當時如何通過和諧建構的道路來使早期國家得以形成與發展的。關於這條和諧建構之路,我們至少可以看到以下幾個關鍵之處。

首先,依靠固有的血緣親情,加強氏族、部落間的親密聯合。戰國時期成書的《尚書・堯典》篇曾經這樣追憶堯作為部落聯盟首領時的情況:

> 允恭克讓,光被四表。格於上下,克明俊德,以親九族。九族既睦,平章百姓。百姓昭明,協和萬邦。

這裡是說堯能夠恭謹謙讓地厚待族人,所以其光輝能夠普照四方,堯還能夠感召天地神靈,發揚其美好的德操,以此使自己的九族都能夠親和融洽,並且在九族親和融洽的基礎上來辨明百姓的職守,進而協調了萬邦的關係。這裡排列了九族——百姓——萬邦三個層次

---

204 馬克思:《路易士・亨・摩爾根〈古代社會〉一書摘要》第二編第二章「易洛魁人的部落」,第五章「易洛魁人的聯盟」,《馬克思恩格斯全集》第45卷,北京:人民出版社1985年版,第406頁、第439頁。

的社會組織。九、百、萬，皆言其眾多，非必是實指。「九族」當指堯為首的核心氏族部落，在早期國家構建的時候，它起到很重要的作用，舜和大禹的時期依然強調要「惇敘九族。庶明勵翼」[205]，所謂「百姓」，當指加入部落聯盟並擔負一定職務的眾多族長。《詩經·天保》「群黎百姓，遍為爾德。」毛傳謂：「百姓，百官族姓也。」這解釋是很對的。後世常以世庶民眾來理解百姓之意，但在講述上古史事時也會露出其本來的意義。如《禮記·緇衣》載孔子語「禹立三年，百姓以仁遂焉」；偽古文《尚書·湯誥》篇述夏末事謂「夏王滅德作威，以敷虐於爾萬方百姓。爾萬方百姓，罹其凶害，弗忍荼毒」，就是例證。要之，如果我們把《尚書·堯典》篇所寫堯通過自己的卓越德操（而非暴力鎮壓）來影響和鞏固九族、百姓及萬邦，理解為氏族、部落和部落聯盟，可能是接近歷史實際的。

古代中國早期國家的起源與形成的階段，「禮」之作用尤巨。那個時期，禮的本質在於它是氏族、部落內部和相互之間的關係準則。相傳魯哀公曾經向孔子請古代「大禮」的問題，孔子回答說：

> 丘聞之也：民之所由生，禮為大。非禮無以節事天地之神明也，非禮無以辨君臣上下長幼之位也，非禮無以別男女父子兄弟之親、昏姻、疏數之交也，君子以此之為尊敬然。然後以其所能教百姓，不廢其會節。有成事，然後治其雕鏤文章黼黻以嗣。其順之，然後言其喪算，備其鼎俎，設其豕臘，修其宗廟，歲時以敬祭祀，以序宗族。則安其居處，醜其衣服，卑其宮室，車不雕几，器不刻鏤，食不貳味，以與民同利。昔之君

205 孫星衍：《尚書今古文注疏》，中華書局1986年版，第77頁。

子之行禮者如此。[206]

　　按照孔子這裡所說，自生民以來，禮就是非常重要的事情，除了飲食、祭祀、婚姻諸事以外，禮還可以「序宗族」，是宗族間的黏合劑與關係準則。古代中國多言禮而少言法，在許多情況下以禮代法，或者是禮法連稱並舉，這是古代中國社會的顯著特點。之所以如此，是因為對於氏族、部落而言，「禮」（而不是法）為它所生，為它所需。早期的禮貫穿了氏族、部落血緣關係的親情。或謂這只不過是一層溫情脈脈的面紗而已，其實，何止是一層面紗，禮在實際上卻是支撐古代中國社會的精神支柱之一，是社會人們思想的一個靈魂，禮在解決社會矛盾方面雖然沒有採用暴力鎮壓的手段，但它「經國家，定社稷，序民人，利後嗣」[207]的作用卻是暴力鎮壓的手段所達不到的。古代中國早期國家的起源和形成的歷史上，禮是構建和諧社會極為重要的工具。

　　其次，在處理氏族、部落及部落聯盟的外部關係時，雖然也有戰爭與殺戮，但那並不是主要的手段，主要的手段是聯盟和聯合。黃帝時期曾經有炎帝部落與蚩尤部落的戰爭，結果「執蚩尤，殺之於中冀」[208]。不過像這樣靠殺戮解決問題的事情並不多見，常見的情況是通過戰爭，雙方諒解，再結聯盟[209]。炎帝部落與黃帝部落間的情況就是一個典型。黃帝部落與炎帝部落雖然曾三戰於阪泉之野，但交戰之

---

206 王聘珍：《大戴禮記解詁》，中華書局1983年版，第12頁。此段記載亦見於《禮記．哀公問》、《孔子家語．問禮》。

207 楊伯峻：《春秋左傳注》，中華書局1990年版，第76頁。

208 黃懷信、張懋鎔、田旭東：《逸周書匯校集注》，上海古籍出版社2007年版，第733頁。

209 徐旭生先生早曾經指出主要的部落集團之間「和平相處為常態，戰爭狀態卻是暫時的。」（《中國古史的傳說時代》，廣西師範大學出版社2003年版，第107頁。）

後雙方即相互交融，後世還多通婚姻。「巡守」是古代中國早期國家加強各族聯繫的主要手段。相傳黃帝曾經「東至於海，登丸山，及岱宗。西至於空桐，登雞頭，南至於江，登熊、湘。北逐葷粥，合符釜山，而邑於涿鹿之阿」，在這樣廣大的範圍裡面依靠聯合，而不是征伐，使得「萬國和」[210]。舜的時候將巡守制度化，據《尚書·堯典》所說是「五載一巡守，群後四朝」，舜五年巡守一次，各部落酋長首領在兩次巡守期間要朝見舜。相傳，先商時期「成湯東巡，有莘爰極」[211]，利用巡守。與有莘氏結為婚姻，促成了商族與有莘氏兩大勢力的聯合。這都反映了各族聯繫通過這種和諧的方式而得以加強。

　　復次，國家的功能無外乎是鎮壓與管理兩項。但並非國家一開始出現，這兩項功能就平分秋色，不分主次。就古代中國早期國家的情況而言，其管理的功能應當是遠遠大於鎮壓功能的。古代中國，從階級萌芽到階級形成再到早期國家的出現，這是一個非常漫長的歷史時段。古代中國的早期國家形成並非是階級矛盾不可調和的產物[212]，而首先是由社會管理的需要而促成的。大禹治水可以說是古代中國早期國家管理功能的典型體現。大禹治水，在治理水患的時候，可以充分聯合各部落的力量「以開九州，通九道，陂九澤，度九山，令益予眾庶稻，可種卑濕。命後稷予重庶難得之食。食少，調有餘相給，以均

---

210 《史記．五帝本紀》。

211 洪興祖：《楚辭補注》，中華書局1983年版，第108頁。

212 以往的研究中被指出的古代社會上階級矛盾不可調和的例證，有許多是靠不住的。例如，新石器時代晚期的遺址所發現的人頭奠基，應當是氏族部落間獵頭習俗的反映。再如殷墟所發現的人殉人祭，被殺者應當是戰俘，而不是奴隸。古代中國早期國家形成和成熟的階段的夏商周時期，從未出現過大規模的被壓迫階級的起義與戰爭，這個事實表明當時社會階級鬥爭並未尖銳化。大規模農民起義和農民戰爭是秦以後的事情。這從一個側面反映了古代中國早期的發展是沿著和諧構建的道路前進的。

諸侯，禹乃行相地宜所有以貢，及山川之便利。」[213]大禹治水充分利
用了早期國家的管理功能，並且隨著治水的極大成功，又促進了早期
國家的發展，形成了「九州攸同」、「四海會同」[214]的局面。這裡所說
的「諸侯」、「國」應當就是部落或部落聯盟。

　　再次，部落聯盟領導權的禪讓制是古代中國早期國家和諧構建的
重要標識。關於堯、舜、禹之間領導權的傳遞，《尚書》所載言之鑿
鑿，無隙置疑[215]。其所說堯傳位於舜的情況，最為典型：

　　　帝曰：「諮！四嶽。朕在位七十載，汝能庸命，巽朕位？」岳
　　　曰：「否德忝帝位。」曰：「明明揚側陋。」師錫帝曰：「有鰥
　　　在下，曰虞舜。」帝曰：「俞，予聞。如何？」嶽曰：「瞽子，
　　　父頑，母嚚，象傲。克諧，以孝烝烝，乂不格姦。」帝曰：

213　《史記．夏本紀》。

214　孫星衍：《尚書今古文注疏》，第201頁。

215　五帝時代「禪讓」的史載還見於儒墨兩家的著作。這雖然是儒、墨兩家為了闡明
　　自己的學說而附帶言之，但其可信度還是比較高的。《莊子》、《呂氏春秋》等書亦
　　載有相關傳聞。近年出土的戰國竹簡文字，也有相關材料。如郭店楚簡《唐虞之
　　道》篇載：「湯（唐）吳（虞）之道，禪而不傳。堯舜之王利天下而弗利也禪而不
　　傳，聖之盛也。」（荊門市博物館《郭店楚簡》，文物出版社1998年版，第157頁）
　　再如上博簡《容成氏》篇認為禪讓是古代普遍的現象，並不止於五帝時代，「盧
　　氏、赫胥氏、喬結氏、倉頡氏、軒轅氏、神戎（農）氏、……之又（有）天下
　　也，皆不受（授）亓（其子而受（授）賢）」（上海博物館藏戰國楚竹書第二冊，
　　上海古籍出版社2002年版，第250頁）這些都可以作為《尚書．堯典》篇所載禪讓
　　史事的旁證。戰國時人也有反對此說者，謂並無禪讓之事，有的只是「舜偪堯、
　　禹偪舜」（《韓非子‧說疑》）、「舜囚堯」（古本《竹書紀年》）。這種說法只是以春
　　秋戰國時習見的篡權奪位之事來猜想遠古之事。兩說相較，遠不如儒、墨兩家之
　　說能夠取信。范文瀾先生說：「《堯典》等篇，大概是周朝史官掇拾舊聞，組成有
　　系統的記錄，其中『禪讓』帝位的故事，再傳子制實行已久的周朝，不容有人無
　　端發出奇想，其為遠古遺留下來的史實，大致可信。」（范文瀾：《中國通史簡
　　編》第一冊，人民出版社1965年版，第93頁）此說甚精到。

「我其試哉。女於時，觀厥刑於二女。厘降二女於媯汭，嬪於
虞。」帝曰：「欽哉！」慎徽五典，五典克從；納於百揆，百
揆時敘；賓於四門，四門穆穆；納於大麓，烈風雷雨弗迷。帝
曰：「格汝舜！詢事考言，乃言底可績，三載！汝陟帝位。」[216]

　　這裡講了堯年老的時候召集「四岳」（即四方部落之長）商議選
接班繼承人的問題。堯本來要傳位「四岳」中人，但被推辭，大家一
致推薦舜，詳細介紹了舜的情況。他父親目盲而糊塗，母親則談吐荒
謬，他弟弟名象者則傲慢無禮，就是這樣的家庭舜卻能夠和諧相處，
還克盡孝道，感化邪惡之人。堯又親自用各種方式檢查舜的品行和能
力，經過三年之久的考驗，才決定由舜來繼承「帝位」。這種禪讓的
方式，完全是通過民主協商來完成，最高領導的個人意志並不起決定
作用。要在這種方式裡面找尋「專制」的萌芽，恐怕只能是南轅北
轍了。

　　總之，古代中國的早期國家的起源、形成和初步發展的階段[217]，
走的是一條構建和諧的道路。氏族制度的長期存在和發展，這一古代
中國獨具特色的社會結構是和諧構建之路的深厚社會基礎。孔子曾經
將古代理想的社會描繪成「天下為一家」、「中國為一人」，意即天下
就像一個大家庭，整個中國團結得就像一個人。他認為「聖人耐
（能）以天下為一家，以中國為一人者，非意之也，必知其情，辟於
其義，明於其利，達於其患，然後能為之」[218]。古代中國早期國家構

---

216 孫星衍：《尚書今古文注疏》，第28-34頁。
217 古代中國早期國家從萌芽、起源到完全成熟是一個很長的歷史過程。大體來說可
　　以分為這樣幾個階段。五帝時期是其起源階段。夏商時期是其發展階段，西周時
　　期是其成熟階段。
218 〔清〕孫希旦：《禮記集解》，中華書局1989年版，第606頁。

建的過程中，無論是制度的創立，抑或是方式的選擇，無不關注各個氏族、部落的情、義、利、患等問題。這種關注與社會實踐，成為構建和諧的基石，也是那個時代的領導者們（亦即是孔子心目中的「聖人」）成功的標識。構建和諧的理念直到古代中國早期國家成熟的時候，還能夠看到其深遠影響的痕跡。

（二）

我們的討論還可以轉入對於作為中華文明精神核心的儒家理論的認識上面。這對於我們認識中國古代國家發展道路也頗有意義。這是因為正是在這種思想的支配下，歷代的治國理念才得以及時修正過失而確定前途。

這是一個什麼樣的儒家理念呢？以孔子的思想而言，構建和諧是孔子思想中一條重要的思想線索。在道德修養中，「和而不同」是一項基本原則。對於某種事物、理論、政策提出自己的意見，錯者糾之，缺者補之，使之臻至於完善，這才是「和」，反之，若只是一味隨聲附和，沒有是非觀念，那就只能是「同」而不是「和」。孔子所講的「和」是在禮的範圍內運行的。所以說「有道德發而皆中節謂之和」。可以看到，「和」並非是一個廣大無邊的概念，而是特定範圍的概念。

我們探討孔子思想的現代價值的問題，單獨提出孔子思想中構建和諧的理論，是要來說明構建和諧社會的理論有著中華文明精神的深厚淵源，是要說明早在孔子的時代，作為一位高瞻遠矚的偉大思想家，孔子就曾提出並認真闡述過構建和諧的問題，並且這一理論在其後以儒家思想為主幹的中華文化精神中得到不斷地發展。

首先，我們來說「君子和而不同」的問題

「和」與「同」本來是春秋時期思想家們時常提到的說法，但把

這兩者相提並論，提升到人的倫理道德層面來分析，孔子之說則是首次。

早在春秋初期，人們即謂「耳不聽五聲之和為聾」[219]。五聲指的是宮、商、角、徵、羽五個音階。這五個音階交錯調和之聲才是真正的音樂。如果只聽一個音階的音樂，那就不啻是聾者聽樂。春秋後期，齊國的大政治家晏嬰曾經指出齊國朝廷中的佞臣梁丘對於齊景公一味逢迎的做法，那只是「同」，而不是「和」。請看晏嬰和齊景公的對話：

> 公曰：「唯據與我『和』夫？」晏子對曰：「據亦『同』也，焉得為『和』？」公曰：「『和』與 『同』異乎？」對曰：「異。和如羹焉，水、火、醯、醢、鹽、梅，以烹魚肉。燀之以薪，宰夫和之。齊之以味，濟其不及，以洩其過。君子食之，以平其心。君臣亦然。君所謂可，而有否焉，臣獻其否以成其可。君所謂否，而有可焉。臣獻其可以去其否。是以政平而不干，民無爭心。故《詩》曰：『亦有和羹，既戒既平。鬷假無言，時靡有爭。』先王之濟五味、和五聲也，以平其心，成其政也。聲亦如味。一氣，二體，三類，四物，五聲，六律，七音，八風，九歌，以相成也。清濁小大，短長疾徐，哀樂剛柔，遲速高下，出入周疏，以相濟也。君子聽之，以平其心，心平德和。故《詩》曰：『德音不瑕。』今據不然。君所謂可，據亦曰可。君所謂否，據亦曰否。若以水濟水，誰能食之？若琴瑟之專壹，誰能聽之？同之不可也如是。」[220]

---

219 《左傳》僖公二十四年。
220 《左傳》昭公二十年。

　　晏嬰以煮肉羹和演奏音樂為例說明「同」與「和」的區別。煮肉羹的時候，必須搭配醯、醢、鹽、梅等調味，各種味道是調和的，才可食用，若是只有一種味道，就像加了水再加水，一直加水一樣，煮出來的肉羹就會無法食用。聽音樂也是如此。聲音的大小高低清濁快慢等，亦需和諧配合，才能夠有悅耳動聽的音樂，否則，若只有一個音調，那就沒有人願意聽。煮肉羹和演奏音樂的事情說明應當有不同的味道、不同的聲音進行調和，互相補充，這樣才算是「和」，若只是單一的單調的重複，那就只是「同」，而不是「和」。

　　《論語‧子路》篇載孔子之語謂：「君子和而不同，小人同而不和。」[221]把「和」與「同」的關係提升到倫理道德的層面來認識，成為區別君子和小人的重要標識。所謂君子之「和而不同」，開始人們理解為君子心態平和，但所見不同。到了朱熹的時代，理解為「君子尚義故有不同」[222]，方揭示出其真諦。「和」，並非隨聲附和，而是有一個標準在，這個標準就是「義」，所以孔子說：「君子之於天下也，無適也，無莫也，義之與比。」[223]君子所不苟同者，就是與「義」之標準相違者，反之，君子所贊成的一定是符合「義」之標準的事情。「義」就是原則與信念，是為君子所固守。可是，小人卻不講究這些，只會為了個人私利而成為一個應聲蟲，隨聲附和，同流合污。孔子講「君子和而不同」的道理，應當是跟反對「鄉原」的道理相提並論的。《論語‧子路》篇記載孔子與子貢的談話是這樣的：

---

221 關於「和而不同」的含意，《禮記‧中庸》篇載孔子語有另外一個表達，即「君子不流」，意即不同流於世俗。孔子謂「君子和而不流，強哉矯！中立而不倚，強哉矯！國有道，不變塞焉，強哉矯！國無道，至死不變，強哉矯！」「強矯」之語刻畫出了堅持原則，不趨炎附勢的君子心態。

222 朱熹《論語集注》卷七。

223 《論語‧里仁》。

> 子貢問曰：「鄉人皆好之，何如？」子曰：「未可也。」「鄉人
> 皆惡之，何如？」子曰：「未可也。不如鄉人之善者好之，其
> 不善者惡之。」

　　這種不講原則、諂媚世俗的人，孔子稱其為「鄉原」，是「德之
賊」[224]，儘管一鄉之人可能都說他好，那也不足為訓，算不得「君
子」。所以要達到真正的「和」，就必須敢於堅持原則，不做「鄉原」
式的人物。在孔子心目中，和諧並不是表面上的一團和氣，而是君子
之交，君子之爭後的真正的和諧與一致。

　　其次，我們來研究「發而皆中節謂之和」的蘊意。

　　和諧是事物與人倫的祥和狀態。在千差萬別的大千世界中達到這
種祥和狀態，並非易事，必須有一定的規則和原則。《禮記・中庸》
篇所講的一席話，很能夠表達孔子和諧理論的要義。是篇說：

> 發而皆中節謂之和。中也者，天下之大本也。和也者，天下之
> 達道也。致中和，天地位焉，萬物育焉。

　　這裡是在講人的性情若要表現出來，必須合乎善道，這個善道就
是「節」，即關鍵與標準。合乎此，即「中節」[225]。那麼這個善道又
如何來理解呢？這個善道依孔門師徒之意，應當就是「禮」。《論語・
學而》篇載：

> 有子曰：「禮之用，和為貴。先王之道斯為美，小大由之。有

224　《論語・陽貨》。

225　朱熹曾經闡述此觀點，他說：「發而中節，即無往而不善；發不中節，然後為不
　　善。」（《四書集注・孟子集注》卷五）

所不行，知和而和，不以禮節之，亦不可行也。」

這裡明謂「禮」就是「和」之「節」，人的性情之發、行動之動、言語之出都應當合乎禮，必須「以禮節之」，這樣才能達到「和」的境界[226]。

在孔子的理念中，「和」並不是無原則無標準的一團和氣，而是以與人為善為出發點，在禮的範圍內的相互理解與協調，相互尊重與寬容。孔子曾經從多方面論析「禮」的意義及其內容，孔子所強調的禮，重點不在於瑣細的儀節，而在於仁的精神和對他人的尊重。孔子把禮提到人的安身立命的根本來認識，謂「不知禮，無以立也」[227]。在儒家理論中，「禮」是人的底線，《禮記‧曲禮》上篇謂：

> 道德仁義非禮不成。教訓正俗非禮不備。分爭辨訟非禮不決。君臣、上下、父子、兄弟，非禮不定。宦學事師非禮不親。班朝治軍、蒞官行法，非禮威嚴不行。禱祠、祭祀、供給鬼神，非禮不誠不莊。是以君子恭敬、撙節、退讓以明禮。鸚鵡能言，不離飛鳥。猩猩能言，不離禽獸。今人而無禮，雖能言，不亦禽獸之心乎。夫唯禽獸無禮，故父子聚麀。是故聖人作，為禮以教人，使人以有禮，知自別於禽獸。

按照這一定位，如果人沒有「禮」，就不配為「人」，就只能是禽獸。孔子說的「不知禮，無以立也」的「立」，固然可以理解為人的安身立命，立足於社會，企事業可以理解為立足為人。這樣來理解，

---

226 王夫之曾經闡發此意，謂「喜、怒、哀、樂之中節，則禮於是起焉。和，性情之德。禮，天下之達道也。唯和乃中節而禮以達」（《讀四書大全說》卷四）

227 《論語‧堯曰》。

對於禮之重要性的強調，將是無以復加的。先秦時代，特別是周代，
社會秩序的穩固主要是靠「禮」，而不靠刑法，禮是構建社會和諧的
主要手段。世事移易，社會變遷，自戰國秦漢時代以降，刑法對於穩
定社會的作用日巨，或許用「法治時代」相稱，以別於此前的「禮治
時代」，也許並不為過。然而，就是在「法治時代」，禮也是化解社會
矛盾、拯救社會危機、構建和諧的重要手段。就是在我們今天的社會
中，禮依然是不可或缺的穩固社會的利器。

　　總是，以「仁」、「禮」學說為核心的孔子思想，構建和諧社會可
以說是他的一個重要的社會線索和準則。孔子思想中這方面的內容十
分豐富而深刻，其舉舉大端者即可以分為關於天人關係的和諧、並於
社會政治倫理的和諧、關於人自身（特別是道德修養）的和諧等。我
們今天僅就「和而不同」以及禮與「和」的關係這樣兩個小點進行一
些探討，重點是在說明孔子所講的「和」與「同」是兩個根本對立的
觀念，也力圖說明孔子主張「和」是在「禮」的範圍之中的「和」。
這對於認識孔子構建和諧這一思想線索，可能會有一些裨益。這對於
我們認識中華民族發展理念的構建也有相當的參考價值。

四　一種規則　兩種模式
——古代中國郡縣制與羅馬行省制形成的異同

　　從世界文明古國的政治發展情況來看，通常總有從小邦到統一帝
國發展的趨勢，但是，從具體的古代國家來說，情況又各有異，或只
經歷了小邦階段，或發展到地區性的王國，或形成跨地區性的帝國；
而古代中國與羅馬則是走完了這個趨勢的兩個典型。[228]

---

228 劉師家和先生對這一問題已有論述，見其所撰《關於中國古代文明特點的分析》
　　一文，載《東西方文化研究》創刊號，第43-45頁。

古代中國的郡縣制與羅馬的行省制是在從小邦到統一帝國發展過程中出現的對廣大領土進行統治的不同形式，並發展成為秦漢帝國與羅馬帝國的統治基礎和特徵之一，是小邦演變為帝國在行政制度上的反映。具體言之，兩者都是歷史發展到一定階段的產物，是從小國向大國發展的必然結果，其出現與古代國家結構的變化聯繫在一起，與對外擴張聯繫在一起，與城邦的瓦解及帝國的形成聯繫在一起。其形成是一個歷史過程，是邦的擴展與邦的否定過程；郡縣制、行省制一經形成，便意味著小邦階段的基本結束，標誌著新的國家模式的出現，宣告了了帝國時代的來臨。正如林師志純先生所說：「城邦階段和帝國階段較為明顯的限界，是以郡縣或行省制的確定，作為重要的標識。……由城邦到帝國，是在郡縣制、行省制的發生、發展過程中逐漸實現的。[229]總而言之，郡縣、行省的發生及形成對邦的解體及帝國的建立起了重大作用和影響，並作為帝國的地方行政制度保留下來，成了帝國的有機組成部分，成為秦漢、羅馬兩大帝國統治的主要特徵之一。

不難發現，這兩者有相同或相似之處，同時也存在著十分明顯的差異。在此，筆者擬對兩者在形成過程、形成結果等方面的異同進行一些初步的比較與分析。

1 殊途而同歸：形成過程的比較

（1）本義的差異

「縣」、「郡」源於西周時期的國野制，指邦內特寫區域。「縣」本是國都以外鄙野地區的泛稱，古通「寰」。從地理意義上講，環繞

---

229 見日知：《古代城邦政治形式發展的四個階段》，載日知主編：《古代城邦史研究》，人民出版社1989年版，第81-82頁。

於國，這是周邊地區，而不是核心地區；從政治意義上講，是未分與國人之地，懸繫於國家（或國君）之手。古者「縣」即「懸」之本字，「懸」字晚出。「郡」則是指「公邑」。

「行省」譯自拉丁語「Provincia」。「provincia」本義是指「職責範圍」（通常是軍事職責）或「任務」，並沒有地理意義。後來某行政官員能行使其軍事職責的地區也稱為「provincia」，「行省」源於此。宣布某一地區為一個「行省」（Provincia）最初只是意味著該地區成為某行政官員（行使）軍事職責的範圍而已。

（2）產生途徑的異同

通過戰爭吞併別國的土地，這是縣、郡和行省產生的重要途徑。縣、郡和行省的出現，是戰爭兼併的產物，是邦對外擴張的結果，這是兩者的相似之處。

此外，縣產生途徑還有：（1）貴族的封邑轉轉化為縣；（2）開闢荒地為縣；（3）並新的聚落為縣；（4）通過改革置縣。而羅馬也附屬國國王死後將其國作為遺產贈給羅馬，建為行省。

不難看出，縣、郡及行省都起於邊區，都是為了軍事目的而設立，但郡、縣不僅設在被征服地區，非征服地也設郡、縣，從邊區到內地逐漸展開，而行省只限於義大利以外被征服地區。

（3）形成過程的異同

總的說來，郡縣制或行省制的發生、發展及形成過程是邦的自我發展與自我否定過程，即是小邦向帝國的發展過程。但是，情況畢竟有所不同，郡縣化過程是武力統一的過程，行省化過程則是簡單的武力征服過程。

對中國來說，郡縣制是作為封建制的對立物而產生的，伴隨十進

位被破壞和集權形成的過程，它是封建制走向反面的必然結果，是先秦歷史發展的必然選擇。與古代西方相比，中國古代社會有一個非常突出的特徵，即實行分封制。分封制下，周天子除王畿附近的土地由自己直接統治，其他土地和人民都分封給諸侯，諸侯再分給卿大夫等各級大小貴族，他們在自己的封地擁有主權和土地所有權，擁有一定的政治經濟實力。西周分封諸侯是當時的歷史條件形成的，意在「以藩屏周」。平王東遷以後，周天子作為「大宗」和最高統治者的地位已經名存實亡，但被分封制培植起來的諸侯和卿大夫勢力則興起。到了春秋中後期，各諸侯國內國君與卿大夫之間的權力爭奪劇烈，司馬遷說：「春秋之中，弒君三十六，亡國五十二，諸侯奔走不得保其社稷者，不可勝數。」[230]在另一方面，各諸侯國之間兼併戰爭頻繁。正是在這種政治條件下，作為宗法分封制度的直接對立物和邦擴展產物的郡縣制產生，並成為加強君權，對社會進行有效控制的重要方式。[231]到戰國時期，戰國七雄都已不同程度地建立了郡縣，並且都力圖在不斷兼併戰爭中戰勝他國，最後秦統一六國，「海內為郡縣，法令由一統」。[232]郡縣制成為全國基本的行政體制。這樣，我們看到，按照郡縣制自身特性的規定，它的產生及形成是與國家政權的集中和國家領土範圍的擴大，即與帝國形成的歷史過程相適應，是走向統一的過程，是春秋戰國歷史發展的自然的產物，是建立中央集權制統一帝國的客觀基礎。

而對羅馬來說，情形則不同。行省制的出現，是羅馬征服地中海地區的直接結果，目的主要是軍事性的和經濟性的。地中海地區各國

230　《史記・太史公自序》。

231　參見鄭殿華：《論春秋時期的楚縣與晉縣》，載《清華大學學報（哲學社會科學版）》，2002年第4期。

232　《史記・秦始皇本紀》。

被羅馬用武力強行納入羅馬帝國，缺乏統一的經濟基礎和文化基礎，只是一個暫時的軍事聯合，而且羅馬滅國建省時觸及被滅國（地區）內部結構的程度很淺，缺乏對被占領地區進行發行這一階段。由此，產生了行省制的兩個重要特點，就是羅馬的行省及其人民與羅馬及其人民的地位的不平等，行省裡長期保存著先前城邦制度的殘餘。（關於這兩點，下節將進一步討論）。行省制主要就是借助征戰這種形式而形成的。

從總體上講，古代中國郡縣制的形成過程大致有兩條線：一方面是郡縣制逐漸排擠宗法分封制，在兩者相對抗中，此消彼長的過程；一方面是郡縣制本身不斷健全發展的過程，這是同一過程的兩個方面，反映古代中國郡縣制形成發展的特殊性。關於郡縣制逐漸否定排擠分封制的過程，主要表現為：（1）早期郡縣沒有完全擺脫宗法分封制的羈絆，郡縣與分封並存；（2）漢初又實行諸侯封國制和郡縣制並行的制度；（3）漢武帝時基本上解決了諸侯王問題，郡縣制最終否定分封制。關於郡縣制本身不斷完善過程，主要表現在：（1）郡縣內族的結合（氏族血緣組織）的逐漸崩潰（緣於戰國的人口流動）；（2）貴族政治的破壞，官僚制逐漸代替世族世官制；（3）到戰國時期，原先的國野區分消失，即解決兩者之間不平等關係問題，郡縣逐漸變成地方政權；（4）專制性的君權增長，中央與郡縣關係上下相通，君主直接統治方式的實現；（5）郡縣以下的鄉里保甲組織逐漸確立，使官府統治的社會化在鄉里社區範圍內得以實現。根據這二條線，古代中國郡縣制的形成過程大致可分為三個不同階段，就是春秋、戰國、秦統一至漢武帝時期，這是同一事物發展過程的不同階段，可以代表郡縣制逐步形成的一般過程，反映了制約和影響郡縣制形成的主要原因在於古代國家結構形態的變化，說明郡縣制的形成是和統一密切相關的。

春秋時的縣制由西周演變而來，起源於邦的模式，二者有關直接的繼承關係，尚未最終割斷舊傳統的臍帶（保持國野之制、世族世官制、分封制），但性質、結構已與前明顯不同，所以，春秋時期的縣制具有未變和有變兩個方面。前者表現為：（1）最初，只是吞併占領，縣內族的結合沒有被打破（滅國而能恢復，即是明證）；（2）多設在邊境地區，起軍事重鎮的作用（如楚縣）；（3）縣的長官一般由強大的世族擔任；（4）保留著分封制的殘餘，有的縣成了功臣、貴族的賞田或采邑；（5）本邦和由征服而來的地區的區別，即不平等關係，尚未完全消失。後者表現為：（1）隨著縣制的發展，國和國的區分開始逐漸消失（這表明邦的基礎結構在逐漸消溶）；（2）隨著縣制的發展，君權逐漸強大起來；（3）到春秋後期，卿大夫采邑改造成縣，一些小邑並成縣，縣擴展到內地，性質發生變化。

戰國時期，縣的設置已很普遍，並且由於人口流動的加劇及政治改革的實行，縣內族的結合被打破，一方面原有「縣」的血緣基礎被破壞，另一方面新的聚落結合為縣。隨著兼併戰爭的激化，春秋時設於邊地的郡又開始出現於內地列國之間，並逐漸發展成郡統縣的體制。郡、縣長官及重要屬吏均由國君委派，並有一定的考核任免制度。

秦統一至漢武帝時期為古代中國郡縣制形成過程的第三階段。這一時期，統一帝國形成，專制皇權確立；經過漢初郡縣與封國的較量，到漢武帝時，郡縣制排擠了封國制，趨於定型，真正實現了中央集權制下的中國統一。

行省制的演變也受古代國家結構形態變化的制約和影響，共和時期和帝制（元首制）時期不盡相同。一方面行省數在增加，另一方面行省管理制度也在變化。（行省最初只是一個軍區，從軍區發展到成熟的行省管理系統是一個長期而緩慢的過程）。但是，總的看來，前後變化不像中國那麼清晰、那麼大。

（4）作用的比較

郡縣制與行省制的出現，造成了邦的解體及帝國的建立，這是兩者的相似之處。但是，具體表現又不盡相同，可以說是殊途同歸。前者主要表現為徹底摧毀了舊貴族賴以抗衡王權的物質基礎，為自上而下貫徹中央集權統治掃清了道路，是直接統治權的延伸。後者主要表現為被動地成為軍閥利用的工具，使羅馬的共和政體向軍事獨裁過渡。

關於郡縣制對邦的體制起否定作用問題，劉師家和先生有過深入探討。[233]郡縣對邦的否定，這可以從兩方面來分析：第一，造成邦的基礎結構即國野區分逐漸消失；第二，造成君權逐漸鞏固強大起來，這主要表現為：限制和削弱君權的力量逐漸消失（上古時代，由於氏族傳統的影響，貴族階級比較強大，能與王權抗衡，這是一個普遍現象。郡縣的興起，則造成貴族、國人的力量削弱），支持和實行專制君權統治的工具逐漸建立（君主集權的進一步發展，要通過推行郡縣制來實現）。戰國時期，七雄的君主們逐漸取得了專制性的君權，並且都力圖在不斷兼併戰爭中戰勝他國，結果，西元前二二一年，由秦統一六國。之後，郡縣制作為鞏固統一帝國的一項重大措施，在全國範圍內推行。

關於行省制對邦的體制起否定作用問題，也可以從兩方面來看：第一，通過對外戰爭，羅馬由一蕞爾小邦變為跨多區域的帝國，共和末期行省管理存在的種種弊端表明共和政體已不適應當時社會發展，提出了改變體制（即實行專制獨裁）的要求；第二，行省使一些人得

233　參見劉家和：《楚邦的發生和發展》，載日知主編：《古代城邦史研究》，第305-306頁；《論中國古代王權發展中的神化問題》，載施治生、劉欣如主編：《古代王權與專制主義》，中國社會科學出版社1993年版，第30-33頁。

到機會來和軍隊取得更密切的聯繫，造成軍閥的出現，並成為軍閥利
用的工具，為體制的改變（實行軍事獨裁）提供了可能。這主要表現
為：到羅馬共和末期，金錢決定了一切，軍隊決定了一切，而行省則
提供獲得金錢和軍事實力的可能。於是，出現軍閥，又反過來，影響
城邦，通過內戰，推翻共和，建立帝制，羅馬從共和國變成了君主獨
裁的帝國。

1 個性表現：形成結果的比較

（1）對待邦的殘餘的態度各異

在羅馬帝國的行省裡有城市自治制度，這可說是先前城邦制度的
殘餘；漢初實行郡國並行制，即在郡縣以外封了一些王國和侯國，這
也可說是先前分封制度的殘餘。但是，情況畢竟有所不同。在羅馬，
邦的殘餘一直存在，城市自治制度長期保存，並成為帝國的基本社會
組織結構，羅馬通過利用城市制度實現它對行省居民的統治；在中
國，邦的殘餘問題很快就解決了，漢帝國內的封國不斷受到限制、否
定，不久就名存實亡，而且在思想上也明確認識到分封不行了。因
此，可以說，在如何解決邦的問題上，中國不論在實踐上還是在思想
上都較羅馬有突破。[234]

羅馬行省的建立是武力征服的結果，因此，被征服地區舊的組織
沒有被打破，在羅馬帝國的行省裡保存著邦的殘餘，其表現之一便是
城市自治制度。我們說城市自治制度是先前城邦制度的殘餘，是指：
一方面它保留著舊的組織，內部結構沒有被打破，作為古代社會的主
要結構單位繼續存在著（實際是羅馬統治下的城邦），另一方面它已

---

234 劉家和先生對這一問題已有論述，見其所撰《關於中國古代文明特點的分析》一
　　文，載《東西方文化研究》，創刊號，第48頁。

失去政治上的獨立（沒有外交權），已喪失了進行戰爭的軍事能力
（沒有軍事權），是在最終從屬羅馬的條件下，享有對地方問題的自
治權。因此，已不是獨立的城邦，而只是原先城邦制的殘餘。

　　任何一種政治制度和文化觀念，都是歷史的產物，因此，它不可
能完全拋棄歷史傳統，而只能憑藉傳統的形式，在歷史傳統的基礎上
進行創造。那麼，羅馬為什麼在行省裡長期保存城市制度呢？這可以
從以下幾方面來解釋：首先，歷史的傳統沒有提供其他可能的選擇。
羅馬帝國本身是從城邦共和國發展而來的，它又是希臘文明的繼承
者，羅馬統治只能從自己的歷史傳統中以及希臘城邦史中，尋求治國
的經驗。歷史的傳統，往往是解決現實問題的資料庫。西方文明發展
所決定的羅馬沒有一竿子插到底的傳統，希臘人所能提供的也只是殖
民的辦法，而殖民地實質是城邦的搬家或分家，對母邦來說，殖民地
是獨立的。羅馬很早就有對立的文明，承認文明本身是多元性的。因
此，羅馬人把在行省中建立殖民地、自治市看做是理所當然的。其
次，客觀現實也使羅馬人沒有更多的選擇餘地。一方面，行省的建立
是對外征服的結果，所有這些行省的居民在種族、語言文化及文明程
度上差異很大，在東方，是希臘人及希臘化的城市居民，而歐洲內陸
山區則存在落後的氏族部落制度，文明程度及民族、語言、文化的差
異給統治者帶來統治上的複雜性，面對複雜的民族、參差的文化，由
當地上層人物實行城市自治，使其與帝國結為一體，是現實唯一明智
的辦法。另一方面，被派到行省的羅馬官吏數量小，缺乏大規模的官
僚機構，不足以維持帝國對行省的統治。因此，帝國中央政府需要一
個聯繫中央與地方的仲介，通過它，以實現對行省居民的統治，這一
仲介就由帝國行省中的城市來承擔，城市成為羅馬統治的基礎。這
樣，邦的殘餘就一直存在下來。

　　與羅馬相比，在如何解決邦的問題上，古代中國不論在思想上還

是在實踐上都有突破。首先，在思想上，逐漸明確認識到分封制度不行了。春秋戰國時期，儘管人們在分封的必要性、規模、物件等問題上存在著明顯的認識差異，但一般都不反對分封，[235]人們尚沒有明確認識到分封與郡縣的矛盾，沒有從根本上否定分封制。第一次郡縣制與分封制的爭論出現在秦朝建立以後。始皇二十六年（西元前221年）統一中國，即與群臣商議，是實行分封制，還是實行郡縣制。丞相王綰建議行封建，認為：「諸侯初破，燕齊荊（楚）地遠，不為置王，毋以填（鎮）之。請立諸子。」[236]始皇下其議於群臣，群臣皆以為便。廷尉李斯則力排眾議，表示反對，指出：「周文、武所封子弟同姓甚眾，然後屬疏遠，相攻擊如仇讎，諸侯更相誅伐，周天子弗能禁止。今海內賴陛下神靈，一統，皆為郡縣，諸子、功臣皆公賦稅重賞賜之，甚足易制。天下無異志，則安寧之術也。置諸侯不便。」[237]秦始皇吸取「天下共苦戰鬥不休，以有侯王」的教訓，認識到「天下初定，又複立國，是樹兵也。」所以，他採納李斯的主張，「分天下為三十六郡」，把郡縣制推廣到全國。[238]始皇三十四年（西元前213年），就分封制和郡縣制問題，在秦廷議中又展開大辯論。齊人博士淳于越認為，殷周能享國千餘歲，是因為「封子弟功臣自為枝輔」的緣故。他說：「事不師古而能稱久者，非所聞也」。[239]李斯則認為，「五帝不相復，三代不相襲，各以治，非其相反，時變也。」不過，[240]這時的爭論主要是從實際考慮的。

---

235 參見劉澤華主編：《中國傳統政治思維》，吉林教育出版社1991年版，第317-318頁。

236 《史記・秦始皇本紀》。

237 《史記・秦始皇本紀》。

238 《史記・秦始皇本紀》。

239 《史記・秦始皇本紀》。

240 《史記・秦始皇本紀》。

　　真正的從思想上認識到分封與郡縣的矛盾，認識到分封制度不行
了，是西漢的賈誼。賈誼上疏皇帝，認為諸侯王謀反叛亂，乃是「形
勢使然」，是個制度問題。朝廷不管怎樣用「深思厚德」、姑息忍讓，
既沒有阻止異姓王的叛亂，也沒有填滿同姓王的欲壑而使其不反。
「厚其力、重其權」，只能「使有驕心」，[241]可見，諸侯王的叛亂與否
並不在於朝廷對他們的「恩德」的厚薄，以及與他們關係的親疏，原
因在於王國勢力太大，諸侯王「勢足以專制，行足以行逆」[242]謀反是
意料中事。賈誼清楚地看到了這點，主張建立郡縣制的中央集權政
治，認為「欲天下之治安，天子之無憂，莫如眾建諸侯而少其力。力
少則易使以義，國小則無邪心。」[243]這樣，才能使「海內之勢，如身
之使臂，臂之使指，莫不制從，諸侯之君不敢有異心，輻湊並進而歸
命天子。」[244]

　　其次，在實踐上逐漸採取措施，削弱分封制度的殘餘，使漢初曾
分封的王國不久就名存實亡，徒擁虛號，就本質而言，實為郡縣制。
漢初出於政治需要，一改秦制，採用「封建」與郡縣並存的混合制
度，即在郡縣以外封了一些王國和侯國，這可以說是先前分封制度的
殘餘。漢初諸侯的特殊地位維持了半個世紀，景帝平定吳楚七國之亂
以後，特別至漢武帝時，諸侯特權被剝奪，王國等同漢郡，侯國亦分
屬所以郡管轄，也就是說，郡與王國是名異而實同，邦的殘餘問題終
於解決了。漢初王國問題的產生不是偶然的，它是個歷史問題，它的
解決也有一個歷史過程。秦楚之際，諸侯並起，劉邦為爭取力量戰勝
項羽，曾把掌握重兵的將領分封為王，史稱「異姓王」。當項羽瓦

---

241 《新書‧藩傷》。

242 《新書‧權重》。

243 《新書‧藩強》。《漢書‧賈誼傳》略有不同。

244 《新書‧五美》。

解，漢王朝建立以後，高帝劉邦遂不得不承認既成的事實，於西元前二〇二年（漢高帝五年）正式分封異姓功臣七人為王，有韓王信、趙王張耳、淮南王黥（英）布、楚王韓信、梁王彭越、燕王臧荼（高帝五年九月為盧綰所代）、長沙王吳芮。七異姓王國的封域占去漢疆域的一半，「多者百餘城，少者乃至三四十縣。」[245]擁兵自重，專制一方。十分明顯，這與專制皇權直接矛盾。於是，高帝六年（西元前201年）起，採用各種辦法，開始逐個消滅異姓王，最後，只保留比較偏僻而弱小的長沙王。由於劉邦錯誤地認為秦王朝速亡的原因在於沒有同姓王國以拱衛中央政權，加之當時漢朝建立不久，有必要加強對某些有強大舊勢力的地方的控制，因此，劉邦在消滅異姓王的同時，大封同姓王，企圖利用血緣宗法關係來加強統治，以確保劉家天下。《漢書‧王陵傳》載：高祖且「刑白馬而盟，曰：非劉氏而王者，天下共擊之」。到高帝十二年（西元前195年）「高祖子弟同姓為王者九國，惟獨長沙異姓……。而內地北距山以東盡諸侯地，大者或五六郡，連城數十，置百官宮觀，僭於天子。漢獨有……十五郡，而公主列侯頗食邑其中。」[246]這是同姓諸侯王國的鼎盛時期，總封域占全漢疆域一半以上。[247]

漢初分封同姓王的目的，正如司馬遷所說：「天下初定，骨肉同姓少，故廣彊庶孽，以鎮撫四海，用承衛天子也。」[248]但分封制本身就包含著分裂割據的因素。當時諸侯王國封疆大，「跨州兼郡、連城數十」[249]；人口多，中央直接統轄地區與諸侯王國地區的人口比為五

---

245 《漢書‧賈誼傳》。
246 《史記‧漢興以來諸侯年表》。
247 參見周振鶴：《西漢政區地理》，人民出版社1987年版，第10頁。
248 《史記‧漢興以來諸侯年表序》。
249 《漢書‧諸侯王表序》。

點二九比十；[250]諸侯王有「掌治其國」[251]之權，王國的政權組織，只有丞相由朝廷派遣，其餘自御史大夫以下的官，由諸侯王自己任命；[252]國王不僅有行政權及用人權、軍事權，而且有財政權，在封地徵收地稅和山川市井之稅，《史記·五宗世家》說：「高祖時，諸侯皆賦，除內史以下」。《集解》引徐廣曰：「國所出有，皆入於王也」。吳濞「招致天下亡命者，益鑄錢，煮海水為鹽，以故無賦，國用富饒。」[253]國王還利用減免賦役、問候賞賜、抵制搜捕等方法，招致流亡，不斷擴大他們所擁有的人力，甚至還可以下令徵發所屬人民出征。[254]由於同姓王封疆大，人口多、擁有特權，實力雄厚，實際上處於獨立、半獨立狀態，在這種情況下，必然會使諸侯王野心勃勃，與專制皇權形成越來越尖銳的對立矛盾，嚴重威脅中央集權政治的鞏固。至漢文帝時：「若此諸王，雖名為臣，實皆有布衣昆弟之心，慮亡不帝制而天子自為者。擅爵人，赦死罪，甚者或戴黃屋，漢法令非行也。」[255]尾大不掉的局面已形成。

漢廷為鞏固政權，採取措施以削弱王國勢力。文帝采賈誼之策，以親制疏、眾建諸侯而少其力，削弱諸侯的實力。及景帝繼位，取晁錯之計，用直接「削地」的辦法，縮小諸王封地。諸侯王不甘心自己的版圖被削減，於是，西元前一五四年，吳楚等七國發動叛亂，但不過數月即被平定。經過這次事變，諸侯王實力中落，中央對王國的控

---

250 參見柳春藩：《秦漢封國食邑賜爵制》，遼寧人民出版社1984年版，第42頁。

251 《漢書·百官公卿表》。

252 《漢書·高五王傳贊》：「時諸侯得自置御史大夫以下眾官如漢朝，漢獨為置丞相。」

253 《史記·吳王濞列傳》。

254 《史記·吳王濞列傳》。參見楊寬：《論秦漢的分封制》，載《中華文史論叢》1980年第1輯。

255 《漢書·賈誼傳》。

制加強。王國版圖大大縮小，諸侯王行政上「自置吏」、財政上「得賦斂」的特權被剝奪，不准諸侯王干預自己封國的政務，《漢書・百官公卿表》云：「景帝中五年，令諸侯王不得復治國，天子為置吏。改丞相曰相；省御史、廷尉、少府、宗正、博士官；大夫、謁者、郎、諸官長丞皆損其員。」從此，諸侯王的獨立地位被取消了，如同漢郡。武帝時，繼續推行削弱諸侯王國的政策，他接受主父偃的意見，於元朔二年（前127年）春正月頒布「推恩」令：諸侯王除了以嫡長子繼承王位之外，不可以推恩將自己的封地分給其他子弟，由皇帝制定封，別屬漢郡。這樣一來，王國封地越來越小，勢力越來越弱，失去對抗中央的力量。以後武帝又罷郡國鹽鐵，作「左官之律」（「左官」即「左遷」或降職）設「阿黨附益之法」，並利用種種藉口來剝奪各個諸侯國的爵位，進一步從經濟上，政治上對諸侯王加以限制。[256]此後，諸侯王在政治上毫無能為，完全不得參與政事，經濟來源只餘田租一項，已不對中央政權構成威脅。王國的政務由「相」主持，「相」由中央任命，聽命於中央。這樣，王國的相與郡的太守，地位就是相同的了，王國與郡是名異而實同，西漢的中央集權的政治體制加強了。

漢初還分封了許多侯國，但連地較小，大者不過三四萬戶，小者僅千餘家。功臣列侯在封邑內開始也享有獨立的行政和財政權，但王國改制之，侯國的獨立權力也被削除，趨於沒落。侯國隸屬於郡，其地位相當於縣。

經過長期鬥爭，封國問題終於解決了，分裂、割據的威脅消除了，西漢王朝的政令真正達於全國，統一的形勢得到進一步鞏固。

---

256 參見嚴耕望：《中國地方行政制度史：秦漢地方行政制度》，上海古籍出版社2007年版，第26-27頁。

（2）郡縣及其人民與行省及其人民的地位不同

秦統一後，並沒有使秦的人民獲得任何地位高於六國人民的特權，六國故地和秦地一樣成為郡縣，六國遺民和秦人一樣成為「黔首」，成為帝國的編戶齊民，沒有征服者與被征服者的區別，郡縣及其人民並沒有感到低一層。羅馬的行省及其人民與羅馬人民的地位則無法同日而語，是一種通過征服而建立的不平等的關係。美國學者阿謝德（S. A. M. Adshead）曾對羅馬帝國和漢帝國有一個形象的比喻，他說羅馬帝國的設計就像一個環繞地中海競技場的圓形劇院，羅馬是這個劇院的包廂，行省是劇院的一般座位；漢帝國的設計則像一個車輪。[257]很明顯，前者等級差別存在很大不同，而後者，儘管會有輪轂、輪輻的區別，但這不是等級差別，其結構是內聚的，呈現以京畿為同心的統一狀態。

在城邦時代，存在公民公社內外差別問題，這種差別表現為社會政治經濟地位的不平等關係。在古代中國郡縣制形成過程中，原來城邦時代存在的公民公社內外差別問題很快就解決了，而羅馬行省制實質上是原來城邦時代不平等關係的翻版，是繼續保持公民公社內外差別（這一問題的解決是在西元三世紀，那已是行省制形成後若干年的事了）。

古代中國公民公社內外差別問題的解決主要表現為原先的國野區分消失，國人與野人的身分區分消失。關於國野關係的變化，前文已有討論，其要如下：春秋前，各國都有國和野或者都和鄙的兩部分地區，國人是由同族或通婚的關係聯繫起來的封閉的公民共同體，野人處於這種共同體以外，國野差別實質就是公民公社（共同體）內外。

---

257 〔美〕S. A. M. 阿謝德：《中國在世界歷史之中》，任菁等譯，河北教育出版社1991年版，第15-16頁。

差別國人是國家統治的政治、軍事基礎，有權參與政事；國人有服兵役、出軍賦，執干戈以衛社稷的義務。野人則主要從事生產勞動，沒有參與政治決策權力，沒有資格當兵。被征服者，如不淪為奴隸，一般也處於野人地位，不能與國人等同。「縣」本義是「寰」，是國都以外的鄙野之地，縣由此發展起來，是野的擴大，從這一意義上講，縣作為由被征服而來的地區與本邦是有區別的，但由於擴大徵兵，縣出賦，縣民要當兵，改變了其野人身分，所以，隨著縣制的發展，情況很愉就發生了變化。到了戰國時期，隨著領土逐步擴大，社會經濟的發展和人口的流動，國野區分消失，郡、縣兩級制的地方組織在一些主要國家發展起來，郡縣之民與本邦之民已不存在區別了。自古以來存在的國野界限被徹底打破了，意味著原來的公民公社內外差別問題解決了。戰國時各國境內之人均有當兵的資格，服兵役不再是一部分人獨占的權利，凡是適齡的男子都在徵發之列，例如《韓非子·顯學》篇裡提到要「境內教戰陣，閱士卒」；《戰國策·韓策一》提到楚曾「徼四境之內選師」等，徵兵範圍的擴大表明原來的野人已經變成了國家的正式國民。為了富國強兵，制敵取勝，七國的君主們任用客卿，蔚為風氣；春秋時期已有「晉材楚用」、「楚材晉用」的事例，到戰國時期，秦國任用商鞅、張儀、范雎、李斯等客卿為相，並因此戰勝群雄，一統天下。這說明，戰國時期，不僅原先的國人和野人之別消失了，而且連邦界、國籍也不再考慮了。秦始皇征服六國，在全國推行郡縣，制秦人並沒有成為征服統治者，而是與東方人一樣，都成為帝國的「黔首」。沒有征服者與被征服者的區別。山東丁壯戍邊，秦人也戍邊；山東有刑徒徭作，秦也有刑徒徭作，山東人負擔的賦役，秦人也同樣負擔[258]。秦始皇要作天下人的皇帝，而不只是秦人的

---

258 參見杜正勝：《編戶齊民：傳統政治社會結構之形成》，聯經出版事業公司1980年版，第421頁。

國王。漢王朝是秦王朝的繼承者。漢高祖劉邦是東方的楚人，領導東方的起義軍攻入關中推倒秦朝，又靠關中和漢中人民的支持打敗了東方的項羽，最後又建都於關中的長安。劉邦沒有也不可能把楚人或秦人當成為征服者，而把其他地方人當作被征服者。因此，在漢代，除了王侯貴族和奴隸，其他人都稱為「編戶齊民」。《漢書・高帝紀》顏師古注曰：「編戶者，言列次名籍也。」意為政府按戶登錄人口。理論上，凡為編戶之民，法律身分都是平等的，是國君統治下的平等人民，故曰「齊民」；《漢書・食貨志下》顏師古注引如淳曰：「齊，等也；無有貴賤，謂之『齊民』，若今（指唐朝）言平民矣。」秦漢郡縣人民，身分是平等的，都是自由平民，他們都有資格通過二十等爵而成為貴族。當然事實上不會如此，但理論上是如此。他們既不像羅馬公民早期那樣有參政的特權，也不像羅馬行省臣民那樣被排除於政治權利之外。因此，對於各地的編戶齊民來說，秦漢王朝的建立是一種統一，而非一種征服。[259]

對羅馬來說，情形則不同。羅馬帝國表現為武力征服的結果。行省不過是被征服的地區，限於義大利以外；行省及其人民與羅馬及其人民的地位是無法同日而語的。羅馬行省實際上是原來邦裡無權部分的繼續或延伸，原來存在的公民公社內外差別問題並沒有因行省的建立、帝國的形成而打破，而是重複這種差別。

關於羅馬早期公民公社內外差別問題，涉及貴族與平民起源及相互鬥爭情況，比較複雜，諸說不一，尚無定論。[260]筆者以為，貴族與

---

259 參見劉家和、王敦書主編：《世界史・古代史編》上卷，高等教育出版社1994年版，第429頁。

260 參見李雅書：《試論羅馬貴族和平民區分的起源》，載《世界上古史論文集》第一輯，北京師範大學歷史系編，1983年版；施治生：《羅馬貴族和平民的起源》，載《世界史研究動態》1989年第10期。

平民之間的關係既有公民公社內外差別問題，又有公民公社內上下層差別問題，造成這一複雜情況的原因在於王政時期塞爾維烏斯改革的不徹底。（這個問題，說來話長，與本文關係不太大，恕不詳說）。不過，公民公社內外差別是客觀存在著的，並且隨著羅馬的發展，不斷重複著這種差別。最初，表現為羅馬與義大利同盟諸邦的差別；羅馬行省出現後，則表現為羅馬及義大利同海外諸行省的差別。

羅馬的行省及其人民與羅馬及其人民的不平等主要表現在以下幾個方面：

第一，行省制下，征服者與被征服者關係明顯。羅馬國家是征服者，羅馬人以征服者姿態看待行省，對行省人抱有種族偏見和歧視，對行省採取掠奪政策。

第二，行省是「羅馬人民的財產」，行省人民相對於羅馬公民是被征服者，沒有資格當兵；[261]最初，行省人也不能去羅馬為官，被排除在羅馬政治生活之外，沒有政治權利。直到西元三世紀，羅馬帝國危機已開始出現，大部分高級官職仍主要由義大利人擔任。[262]總督的權力是羅馬元老院授予的，對羅馬負責，而不是對當地人民負責（與中國不同）。

第三，行省被看做海外征服的戰利品，被看做掠奪的對象。羅馬對行省，主要是軍事上的占領和經濟上的剝削。大多數行省是伴隨羅馬對外征服而建立起來的，是一方以暴力無條件地強加於對方的結果。作為被征服管轄的地區，行省與羅馬及義大利不同，行省人有納稅的義務。行省制度是羅馬奴役海外被征服地區人民的一種形式。羅馬行省稅收政策及制度建立在海外掠奪的基礎上，正如羅斯托夫采夫

---

261 M. Cary H. H. Soullard, A History of Rome, 【年？】P. 172.

262 P. A. Brunt, Roman Imperial Themes, Oxford, 1990, p322.

所說：「羅馬不大考慮它的新領土的繁榮。……羅馬的行省長官和資本家可以說是毫無顧忌地在各行省中漁利，他們通常是以最自私的精神和為了自身的利益來這樣做。」「從政治上看，羅馬國家就法權而論是一個由羅馬公民群眾統治著的帝國，但事實上，羅馬公民群眾是以富貴顯達的公民，即元老院成員們組成的統治集團為代表的。外省被視為這個統治集團所共有的地產。」[263]羅馬征服者自己，把加於行省人的稅收或看做是戰爭賠款，即由戰敗者為補償羅馬的戰爭花費而向羅馬交付的賠償金；或看做是對羅馬和平（Pax Romana）的保持而付的補償。不列顛一位名叫卡爾加庫士（Calgaous）的酋帥曾說：

> ……我們的財物被他們（羅馬）當貢稅收走，我們的收成變成了他們的儲積。……[264]

西元七〇年鎮壓高盧人民起義的羅馬將軍凱里亞里斯（P. Cerialis）以征服者口吻對高盧人說：

> ……在你們服從我們的法律之前，在整個高盧總是不斷出現國王和戰爭。雖然我們常常為你們所激怒，但是作為勝利者，我們唯一利用我們權利的地方，就是使你們為維持和平而付出必要的費用。要知道，沒有軍隊你們就不能在各民族之間得到安靜，沒有錢就不能維持軍隊，而沒有稅收就不能籌劃出錢來。……[265]

263　〔美〕M. 羅斯托夫采夫：《羅馬帝國社會經濟史》，馬雍、厲以寧譯，上冊，商務印書館1985年版，第24頁、59頁。

264　Tacitus, Agricola, III.1.

265　Tacitus, Histories, IV.74.

西塞羅也有類似的說法。[266]這種稅收政策實際上就是把帝國居民人為地分割為兩個地位極不平等的社會集團。

從以上可以看到，行省制度作為羅馬武力征服的結果，是羅馬奴役海外被征服地區人民的一種形式，羅馬公民與行省臣民在法律地位上是不平等的。雖然西元一至二世紀時，羅馬公民權逐漸向行省更多的人開放，到西元二一二年卡拉卡拉皇帝發布敕令，羅馬公民權被賦予了帝國境內全體自由民，但這時公民權已無實際意義，而且還是一種負擔（如公民有從軍和作戰的義務等）了。

3 行政制度的比較

（1）機構設置

秦漢和羅馬都是幅員遼闊的跨地區的大帝國，劃分成行政區域加以統治。秦漢地方行政體制貫穿中央集權的主線，實行郡縣二級管理體制；羅馬則是行省一級管理體制（主要就派官而言）。二者都由中央派官吏統治地方，是中央統治權的一種延伸，這是相似的地方。但就具體而言，二者又有區別。

秦漢郡縣制是一種中央朝廷直接統治地方的一整套行政系統，通過郡縣制，皇帝直接支配其土地和人民，郡以仰達君相，縣以俯親民事，體制簡要，一竿子插到底。秦漢帝國沒有任何自治或半自治的城市。漢武帝以後，諸侯國也名存實亡。在羅馬的行省體系中，不同程度的地方自治則相當廣泛地存在著，羅馬以城市為仲介實現對行省人民的統治。因此，從中央對地方的控制程度來看，羅馬帝國與秦漢中國是難以比擬的。

秦漢郡、縣的劃分原則以人口為主，並兼顧地域的大小；郡、縣

---

266 Cic. Ad Qfl. I. 34.

還有遠近之別，高低之分，待遇也有區別。早期羅馬帝國的行省則以軍權的有無劃分為元首行省與元老院行省；兩類行省中，又按所派出職官，有等級之別。

秦漢京師所在地也設郡、縣。羅馬行省則限於羅馬及義大利以外的被征服地區。

下面，分別看一下秦漢和羅馬的情況。

秦始皇二十六年統一天下，在全國範圍內普遍實行中央集權制度，以縣為基層行政單位（在少數民族地區設置的特殊縣稱為道），以郡統縣，直屬中央，郡縣主要官員由朝廷任命。縣以下的地方上的基層行政組織有鄉、亭、里，設「三老」等官，由地方長官從當地民眾中選拔出來。到了漢代，漢初在秦代郡縣制的基礎上，採用「封建」與郡縣並存的制度：一方面，皇帝直轄部分郡縣，另一方面，分出部分郡縣設置諸侯王（侯）國。漢初諸侯的特殊地位維持了半個世紀，到景帝及武帝以後，雖然封國在形式上還保留著，但特權被剝奪。王國與郡名異而實同，侯國也分屬所在郡管轄，其行政方面的權力被剝奪。就行政方面而言，實際上是郡縣二級制，在全國範圍內確立了皇權專制的中央集權制。[267]

---

267 關於秦郡的設置經過和郡的名目，長期以來史學界存在各種不同看法，究竟有多少郡，尚難確定。（參見《中國大百科全書·中國歷史》卷I，「郡縣制」條；卷II，「秦郡」條，中國大百科全書出版社1987年版。）秦縣之數也不詳，有學者認為：「秦縣總數當在九百以上至一千有餘，約言之當在一千縣左右也」。（見嚴耕望：《中國地方行政制度史：秦漢地方行政制度》，第35頁。）漢代郡縣，各朝迭有增減，據《漢書·地理志下》及《漢書·百官公卿表》，西漢平帝時，有郡國一〇三個，縣（邑、道、侯國）一五八七個。一郡所統之縣，多少不等，大者如琅邪郡統縣五十一個，小者如玄菟郡統縣僅三個。關於鄉、亭、里的結構及性質，比較複雜，本文不加詳述。簡而言之，鄉設三老、嗇夫、遊徼，分掌教化、聽訟、收稅及禁盜賊。亭有亭長，里有里正。事實上這些人是政府與人民之間的仲介。至東漢末，原作為監察區的州，逐漸變成具有行政職能的機構。

秦漢時期的郡縣，就人口和面積而論，大小有別。《漢書・元帝紀》：建昭三年。益三河大郡太守秩中兩千石。戶十二萬為大郡。就地區而論，有內外、遠近之分。《漢書・宣帝紀》注引韋昭曰：

中國（按，指中原）為內郡，緣邊有夷狄障塞者為外郡。[268]

就地位而論，有高低之別。秦漢京師也設郡縣，但比一般郡地位高。秦以內史掌治京師，漢武帝以京兆尹、左馮翊、右扶風三輔長官共治京師，皆秩中兩千石，位同九卿，並有資格參與朝議。縣也有等級，《漢書・百官公卿表》：

縣令、長，皆秦官，掌治其縣。萬戶以上為令，秩千石至六百石；減萬戶為長，秩五百石至三百石。

《漢舊儀》（孫星衍輯本）云：

縣戶口滿萬置六百石令，多者千石；戶不滿萬，置四百石、三百石長。

按，這兩段說法略有不同。嚴耕望先生認為這是因為在成帝陽朔二年（西元前23年）省五百石秩就四百石，兩段記載「所據之圖籍有先後之異耳」。[269]

羅馬實行行省一級管理體制，但行省劃分為元首行省和元老院行省。我們主要來看一下奧古斯都時期的行省制。

共和國後期長時間內戰，造成了軍事將領的崛起，最終以屋大維（即奧古斯都）戰勝安東尼，成為羅馬世界的唯一主宰而告終。內戰最終摧毀了共和制，帝制（元首制）建立。

---

268 秦漢時將郡縣制廣泛推行於邊陲少數民族地區，即所謂邊郡和道。秦、漢兩代在東北的邊郡有：遼東、遼西、右北平、漁陽、上谷、真番、臨屯、玄菟、樂浪等；北方有代、雁門、雲中、北地、定襄、朔方、五原、西河等；西北有隴西、武威、酒泉、天水、安定、張掖、敦煌、金城等；西南有牂柯、越嶲、武都、益州、蜀等；南方有南海、蒼梧、郁林、合浦、交趾、九真、日南等。

269 嚴耕望：《中國地方行政制度史：秦漢地方行政制度》，第45頁。

　　西元前二十七年奧古斯都元首制（實質是帝制）的建立，標誌著
羅馬進入其黃金時代，行省制的發展也進入了一個新階段：行省數繼
續增加；行省被劃分為「元首的行省」和「元老院的行省」。

　　在元首制發展過程中，行省數繼續增加。首先是通過征服，在萊
茵、多瑙和不列顛等新征服地區設立了大小十多個行省。其次是通過
重新劃分已存在的領土較大、難以控制的行省。對已存在的行省的劃
分只限於帝國的歐洲部分，例如，遠西班牙行省（Hispania Ulterior）
劃分為貝提卡（Baetica）和路西塔尼亞（Lusitania）；蓄髮的高盧
（Gallia Comata）被分成阿奎塔尼亞（Aquitania）、盧格杜內西斯
（Lugdunensis）和貝爾依卡（Belgica）三個行省；馬其頓行省
（Macedonia）分出阿哈伊亞（Achae）和伊庇魯斯（Epirus）。第三是
通過兼併附屬國。例如，奧古斯都廢黜努米底亞（Numidia）的國王
朱巴（Juba），把努米底亞併入阿非利加行省；西元前四年猶太國王
希律（Herod）死後，奧古斯都三分猶太王國，分別交給希律的三個
獨生子統治，到西元六年，奧古斯都廢黜了老大阿爾赫拉烏斯
（Achaelaus），將其所轄地區猶太（Judae）和撒馬里亞（Samaria）
置為行省；埃及和加拉蒂亞（Galatia）在奧古斯都統治開始時即被兼
併。這樣，行省的數目增多了，到奧古斯統治後期，行省已達二十四
或二十五個，行省人口占羅馬帝國總人口的四分之三。[270]

　　奧古斯都是憑藉武力奪得統治大權的，他認識到軍隊在羅馬政治
鬥爭中的作用，因此，控制軍隊（進而控制全帝國）是奧古斯都一切
政策的基本出發點。他雖然拒絕了獨裁官的稱號，放棄了過執政官的
職務，但他從來沒有放棄過指揮千軍萬馬的軍事大權。

---

270 M. Cary and H. H. Soullard, A History of Rome, P. 339. 在奧古斯都時期，羅馬帝國人
　　口至少有七千萬，可能正在接近一億。

　　西元前二十七年，奧古斯都被授予一個「大範圍」行省總督職權。這個大範圍並不明確，可以解釋為包括全帝國，也可以包括任何一個或大或小的行省。當時元老院同意他管轄的範圍是高盧、西班牙、敘利亞、亞裡西亞和賽普勒斯，後來又有一些新的行省增加，特別是多瑙河沿岸諸行省也受他管轄。他選擇這些行省的原因很清楚，因為它們在北部和東北部邊疆，帝國絕大部分常備軍都部署在這幾個行省，控制了這些行省，實際上就控制了帝國的軍權。較和平的行省仍像共和時期一樣，由元老院通過抽籤委派前任行政官員管理。這種劃分期限為十年，但實際上成為永久的了。這種行省劃分制度實際上仍是元首的一統天下。

　　關於行省劃分，狄奧‧凱西烏斯（Dio）和斯特拉波（Strabo）都有記載。[271]據狄奧‧凱西烏斯記載：

> 奧古斯都把較為弱小的省份還給了元老院，理由是這些省份靜無戰事。他把強大的省份留給自己，藉口是這些省尚不安全，有戰爭危險或有外敵窺伺邊疆，或其本身可能發生嚴重的變亂。……他這樣安排的真正目的是剝奪元老院的軍權，使之無實力，他可以獨掌大權。

斯特拉波也有類似記載：

> 他（奧古斯都）把整個帝國分為二部分：他指定一部分為其自己的，另一部分為人民的，他自己的部分是需要駐紮軍隊的，……（帝國的）蓁地區屬於人民，這是和平及不需要武力

271　Dio 53. 12-15; Strabo XVII. 3. 25.

的易於統治的地區。他把這兩部分各分成許多行省，其自己那
部分叫皇帝（凱撒）的行省，其餘叫人民的行省。

　　按，狄奧和斯特拉波都認為元首控制著全部有軍團的行省，這顯
然帶有奧古斯都之後帝國行省情況的痕跡。例如，在奧古斯都時期，
元老院行省的阿非利加行省就駐有羅馬軍團。[272]儘管如此，行省劃分
的原則是元首控制需要駐軍的行省，把早先征服、比較安定的、無需
駐紮大批軍隊的行省劃歸元老院，即以軍權的有無為劃分原則，當為
不錯。到蓋烏斯統治時，由元老院控制的阿非利加行省的駐軍也轉到
皇帝手中。[273]奧古斯都通過行省劃分，保證了他對全帝國的控制，因
為他最終掌握了帝國的物質支柱之一，即軍隊大權。元老院行省與元
首行省這種劃分，在元首制三百年歷史中除了行省的數目有所增減，
歸屬有局部調整之外，以軍權的有無為總的劃分原則一直沒變。

　　在元老院行省和元首行省中，也有等級。就派出官員而論，元老
院行省中有執政官和大法官，元首行省中有執政官級、大法官級、督
察使級和行政長官級。擔任不同等級行省總督的人選資格不同，待遇
也有差異。

　　在羅馬的行省體制中，不同程度的地方自治相當廣泛地存在著，
原有機構繼續存在。羅馬通過自治或半自治城市來統治，當地的事仍
由從屬於羅馬總督的地方當局（城市或公社）自己管理。關於行省中
的自治或半自治城市問題，前面已有涉及，此不贅述。這，我們來看
一下元首制時期埃及的情況。

---

272 J. C. Stobart, the Grandeur that was Rome, 4th ed. London, 1961. PP. 174-5.〔頁碼不合
　　理〕

273 R. J. A. Talbert, The Senate of Imperial Rome, New Jersey, 1984. P. 392.

　　奧古斯都征服埃及後，埃及由於其戰略上和經濟上的重要性，被置於皇室的直接控制之下，成為皇帝的私產。[274]由皇帝派總督統治。總督（Prefect）來自騎士階層，有民事司法權和軍事權，但他首先對奧古斯都負責。元老通常根本上進入埃及。[275]總督在亞歷山大里亞（Alexandria）、孟斐斯（Memphis）和培琉喜阿姆（Pelusium）設立法庭（Conventus），掌握最高審判權。值得注意的是，希臘——動脈形式的法律仍在私法中使用。[276]總督的助手有「Iuridicus」（副將）和「Iddiologus」（財務官），他們也來自騎士階層。埃及分成三個主要地區，設「Epistrategoi」（布政官），由為自羅馬的騎士擔任。在廣大的基層，埃及人的原有機構繼續存在。早在托勒密時期，除了亞歷山大里亞（Alxandria）等希臘化城市外，埃及分成若干 Nomoi（州），由「Nomarchoi」和「Strategoi」管理，前者主要負責收稅，後者則有軍事和政治職責。這些州通常進一上分成 Topoi；在這些 Topoi 中，基本行政單位是 Kome（聚或村莊），此外，還有具有宗教地位的 Metropoleis。羅馬兼併埃及後，原有機構繼續存在，設 Strategos 和 Nomarohs、Kommogrammateus 等官負責，這些人都由住在埃及的希臘人充任。[277]「托勒密時期的制度幾乎原封不動地保留下來了」。[278]稅收制度、經濟組織和財政組織也一仍其舊。

274　Tac. Ann. II.59; Hist. I. 11.

275　Tac. Ann. II.59.

276　A. Lintott, Imperium Romanum: Politics and Administration. London and New York, 1993.P. 156.

277　參見P. A. Brunt, "The Adminstrators of Roman Egypt", in Roman Imperial Themes, ed P. A. Brunt, Oxford, 1990. P.215-245.

278　〔美〕M. 羅斯托夫采夫：《羅馬帝國社會經濟史》，下冊，第410頁。

（2）職官制度

A 編制與建制

郡、縣、行省的職官，可分為長官、佐官、屬吏三類。長官編制都只有一位，長官與佐官由中央委派。秦漢郡縣制是中央直接統治地方的一整套行政系統，組織龐大而嚴密，分職極細。秦漢設官的原則在於：為力求各級文武官吏，互相控制，以維持長治久安之局。羅馬行省設官的原則則沒有這個特點。《漢書補注・百官公卿表》注引王鳴盛曰：「魏志夏侯玄傳，玄議時事云：秦不師聖道，私以御職，奸以待下，懼宰臣之不修，立監牧以董之，畏督監之容曲，設司察以糾之。宰牧相累，監察相司，人懷異心，上下殊務，漢承其緒，莫能匡改。案，宰官即縣官，監牧即郡守，司察郡監郡御史。」羅馬行省組織則顯得過簡，羅馬派到行省的官員數量少，沒有整套的官僚機構。

郡長官，秦名守，漢景帝時改名太守，以後便成為定稱。郡長官又以秩祿稱兩千石。郡的僚佐屬吏較多，並得以置府分曹治事。郡守佐官有尉有丞。郡尉（景帝中二年更名都尉）秩比兩千石，佐郡守典領軍隊。邊郡的都尉稱為部都尉，可參與民政權。郡承（邊郡稱長史）秩六百石，佐助郡守理事，有時代行郡事。太守、尉、丞由朝廷任命。郡守可自置本郡人為吏，這些吏即郡府屬吏，秩百石。有：管理交通的集曹、漕曹；管理軍事的兵曹、水曹；管理財政的倉曹、金曹；管理交通的集曹、漕曹；管理軍事的兵曹、尉曹；管理治安和司法的賊曹、決曹、辭曹；以及負責教育的學官、管理衛生的醫曹等。在郡中屬吏中地位最重要的是總治郡府庶務的功曹、僅次於功曹的五官掾和擔任監察、巡行屬縣的督郵。另外，郡守還有一些最親近的門下屬吏，如主簿、主記室、少府、門下督盜賊、門府亭長、書佐、循行、幹、小吏等。縣的組織與郡略同。區別僅在於名稱不同權力大小

不同而已，此不贅述。[279]

從以上簡單的敘述可以看到，在漢代郡（縣）機構龐大而嚴密。與此相比，羅馬行省機構則官佐過簡。

羅馬行省長官的稱號在不同時期變化較大，為方便起見，筆者將他們一律譯為「總督」。先來看一下行省總督的設立及演變情況。

在最初，羅馬如何對行省進行管理尚不清楚，可能沒有制定確定的辦法，或許是交給執政官（Consul）根據元老院的建議來任命兩個合適的人作為他們的代表去西西里及撒丁尼亞－科西嘉。[280]

隨著海外行省兼併的增多，羅馬城邦顯然需要調整才能對幅員遼闊的各行省進行管理。首先，通過每年增選大法官（Praetor）數目來解決這個，問題這實際是一種權宜之計。從西元前二二七年開始，大法官從兩名增加到四，每年由森都利亞大會（The Comitia Centuriata）選出，兩名留在羅馬，兩名分別被指派到西西里及撒丁尼亞和科西嘉。第二次布匿戰爭中，余拉古和西班牙的部分地區被了，到西元前一九七年，為治理近西班牙和遠西班牙行省，又增加兩名大法官。但如果某行省處於動盪狀態並可能成為大規模軍事行動的地區，那麼，執政官可能通過特別約定被任命代替大法官前去行省。例如，根據此項原則，在近西班牙行省常常派執政官擔任總督，兼併西班牙以後直到蘇拉獨裁以前，有近半個世紀，羅馬沒有進一步的兼併，沒有建立新的行省，羅馬行省官員的數目亦沒有再增加。[281]這樣，羅馬每年選

---

279 參見安作璋、熊鐵基：《秦漢官制史稿》（下），齊魯書社1986年版，第52-183頁。

280 M. Cary and H. H. Scullard, A History of Rome, 1979. P. 122; The Cambridge Ancient History, 2nd. Ed Vol. VII. Part 2, Cambridge, 1989.P. 570.Crawford認為，可能從西元前二四〇年開始，一名羅馬財務官（Quaestor）每年被派到西西里島西部徵稅。M. H. Crawford, Coinage and Money under the Roman Republic.P. 104. J. Rich and G. Shipley, War and society in the Roman World. London and New York, Routledge, 1993. P. 44-5.

281 這一時期羅馬對外擴張沒有建立新的行省原因很複雜。不過有一點值得注意：對

舉八名行政官員（兩個執政官、六個大法官）來管理羅馬及行省。

　　這種一年一度的選舉官員制度，對於像羅馬這樣的城邦是適合的，但並不適合於用來統治行省。首先，這些出任總督的現職官員任期只一年，由於行省路途遙遠，旅途要耽誤大部分時間，這樣就不可能真正在行省任職多長時間，其次，許多行省都是重要的軍事地區，一年時間或更短的時間是不利於行省總督熟悉敵對雙方情況的。所以，隨著羅馬對海外新的擴張，行省的迅速增多，羅馬元老院決定對行省行政管理制度再進行某些修補。

　　在西元前一四六年馬其頓和阿非利加行省建立以後，元老院廢除為某一特定目的增加新的行政官員的辦法，而採用另一種機制，即採用延長每年選舉的執政官和大法官的任期，稱為「Prorogatio Imperii」，就是在他們在羅馬任職一年期滿後被任命為行省的具有執政官或大法官等級的總督，代替或代表一個正式的執政官或大法官支海外統治一個行省，稱為代行執政官或代行大法官（Proconsul 或 Propraetor）。[282] 這種延長某行政官員許可權的作法，早在西元前四世紀時就已出現。第二次薩姆尼特戰爭時（Samnite War），西元前三二六年，當即將去占領那波里（Naples）的執政官普里尤斯（Q. Publilius Philo）任期已到屆滿之日，人民大會投票決定讓他繼續任職，即以代行執政官身分（Pro Consule），直到戰爭結束。[283] 後來，不管何時，只要軍事需要，就延長執政官和大法官許可權。[284] 在與漢尼拔戰爭期間，這種作

　　羅馬人來講，建立行省意味著駐紮軍隊，而且在西班牙的經歷表明這意味著許多士兵要遠離家鄉多年。另外，羅馬剛結束與迦太基的戰爭，需要休整。參見J. Richardson, Roman Provincial Administration.

282　M. Cary and H. H. Scullard, A. History of Rome, 1979. P. 172.

283　Livy, VIII, 23, 11-12參見CAH Vol VII Part 2. 2nd. Ed. P. 347.

284　The Oxford Classical Dictionary. 1979. P. 880.

法常常使用。[285]值得注意的是，最初，這是人民大會通過投票特殊授予的一種特權。不過，據李維記載，早在西元前三○七年，元老院延長法比烏斯（Q. Fabius Rullianus）的指揮權到第二年。[286]儘管可能是維在此遺漏了提到人民大會的法，[287]但毫無疑問，元老院逐漸獲得了決定是否延長官員的職權的大權，使之變成一種由元老院通過的例行的措施，至少到西元前三和二世紀，成為元老院進行控制的一個重要法寶。

「Prorogatio」是一種既避免增加每年選舉的顯要行政官員數目又能彌補官職不足，滿足兼併需要的一種辦法。如果說最初只是一種權宜之計，那麼從西元前二世紀下半期以後，它逐漸發展成為一種正式確定的制度。實際上，在西元前一四六年第三次布匿戰爭結束以後，羅馬向地中海帝國大踏步前進，隨著羅馬對外兼併過程的重新開始，羅馬版圖擴大，行省數量逐漸增加，羅馬面臨著的難題之一就是官職不足，而元老院又不願由於高級官吏的增多使寡頭集團擴大，於是「prorogatio」發展起來，它不再被看做一種緊急措施或權宜之計，而是成為一種獨特的、較成熟的形式。到西元前一二三年以後，大法官日益需要在羅馬處理重組的陪審法庭，[288]執政官也因政治原因要留在羅馬，於是，由前任行政官員統治行省成為主要形式。

從以上羅馬共和時期行省總督的變化情況，可以看到，共和時期羅馬對海外行省的管理並沒有一個系統完整的辦法，而是面對形勢的

---

285 G. H. Stevenson, Roman Provincial Administration till the Age of the Antonines. 1939. P. 56.

286 Livy, IX, 42. 2.

287 T. J. Cornell認為在西元前四世紀元老院的這種權力幾乎是不存在的。參見CAH. VII. Part 2. 2nd ed P. 347. 378.

288 M. Cary and H. H. Soullard, A History of Rome, 1979. P. 616; G. H. Stevenson, Roman Provincial Administration till the Age of the Antonines. 1939. P. 62.

變化而逐漸加以調整，並且羅馬人只是將行省總督職位看做在羅馬擔任官職的生涯在海外的繼續。

元首制建立後，行省劃分成元首行省和元老元老院行省兩類。元首（皇帝）控制著帝國中駐有軍隊的大部分行省，通過一個「大法官銜奧古斯都特使」（Legati Augusti Pro Praetore）代表他統治；一些較小行省由來自騎士階層的「督察使」（Procurator）管理；埃及作為特別區，總督也來自騎士階層，稱為「行政長官」（Prefect）。在元老院行省，變化不大，仍沿用共和時期的辦法，從前任執政官或前任大法官中通過抽籤方式產生統治行省的人選，但一律稱為「代行執政官」（Proconsul）。[289]總督一般是任期一年。

行省總督佐官主要有財務官（Quaestor）和副將（Legati）。財務官由羅馬人馬選舉，通過抽籤而被派到某一行省。例如，西西里行省有兩名財務官。其主要職責是負責行省的財務稅收，他被授予其他職責，如司法、徵稅，甚至可指揮軍隊。財務官一般年紀較輕，在共和時期，一般是三十歲，例如，西塞羅在西元前七十五年任財務官時只有三十一歲；在元首制時，財務官最小年齡為二十五歲。由於財務官年紀輕，所以總督可能更喜歡用年長的人擔任副手。總督通常從他的隨從中挑選一個或幾個 Legati，作為他的副將。嚴格說來，副將由元老院來任命，但通常總督本人有推薦權。他們大多為元老，其主要是承擔軍事職責。他也參與司法審判，到元首制時，成為行省主要法律官員（Legatus iuridious）。有時當總督離開行省時，副將可臨時代理總督。[290]通常，一個執政官級行省總督有三個副將，一個大法官級行

---

289 The Oxford Classical Dictionary. 1979. P. 891; H. H. Scullard, A History of the Roman World from 753 to 146 B. C. 1972. P. 316.

290 A. Lintott, Imperium Romanum: Politics and Administration. London and New York, 1993.P. 51.

省總督有一個副將。[291]

總督的屬吏主要有兩類。一類是所謂「執行吏」（Apparitores）包括文書、信差、侍從官、占卜者以及較低的僕從等；一類是總督的親戚朋友，他們通常是一些年輕人，被帶到行省以增加閱歷。[292]

B 郡守與總督職權

郡守縣令，皇帝任命，總督以下，則不是皇帝任命。郡守與總督是地方最高行政長官，必有一定的職權和職責。可以說，對於一郡（行省）事務，他們無所不統，權力是相當大的。關於郡守、總督的主要職權可作如下的說明：

第一，都有相當大的銓選人事權。漢代官吏選任和升遷，主要憑舉薦。太守有向朝廷推薦本郡吏民，使其入仕的特權，謂之：「察舉」，諸如孝廉、賢良方正、茂才異等、文學明經以及有道之士等，皆在太守察舉的範圍。如果不能選舉人才，郡守要受到國家法律的制裁。[293]被薦舉者政績不佳，郡守有也有罪。[294]另外，郡守可自置郡府屬吏，對於曹、掾、史、吏均有權任免升補。[295]郡守還可自置令、長暫時代理屬縣政事。[296]又，縣令、長由中央任命，但如中央委任的令長不稱職，郡守可以要求予以罷免。[297]行省總督也有權來挑選屬吏。另外，總督的副將（Legati）雖由元老院任命，但總督有推薦權。

---

291 M. Cary and H. H. Scullard, A History of Rome, 1979. P. 172.

292 A. Lintott, Imperium Romanum: Politics and Administration, London and New York, 1993. P. 52.

293 《漢書‧高帝紀》；《武帝紀》。

294 《漢書‧何武傳》。

295 《漢書‧朱博傳》；《循吏文翁傳》。

296 《漢書‧朱博傳》。

297 《漢書‧宣帝傳》。

　　第二，都有監督權。太守對所屬各縣有監督權。太守每年定期到
各縣巡視，考察治狀，謂之「行縣」。[298]郡府常設督郵若干，分部專
門檢舉縣令長等官的違法失職等。[299]對所屬縣令長，太守有考課權，
並按治安的優劣，將考課結果分為「最」、「殿」，且成績列為「殿」
者，常受責斥。[300]在羅馬的行省體制中，雖然不同程度的地方自治相
當廣泛地存在著，但行省總督對行省自治城市的司法和財政也有監督
權。[301]

　　第三，都有司法權。太守對本郡的司法案件有司法，對民事、刑
事案件可做出最後的判決。郡是地方最高司法機關，郡守對於司法案
件掌有最終的決定權，並且還督察下屬各縣的獄案。但處理日常司法
案件，則由郡曹主管，戶曹對於司法案件，也有向郡守建議權，不過
最後的決定權仍為太守。[302]對於死罪或疑難案件要上報朝廷，不過朝
廷對郡守上報的死刑，一般不否決。[303]疑難案件須由皇帝定奪。[304]獲
得特許或事屬非常的情況下，太守有生殺予奪之權。[305]總督也有權處
理行省中的司法案件，掌握最高審判權，並且可自作法令。總督有民
事和刑事司法權，包括可以任命法官和陪審員、捕人以及生殺予奪之
權。[306]他可以根據行省法（Lex Provinciae）和自己頒布的法令處罰行
省中的任何人，或鞭打，或沒收財產，或處死。[307]總督在民事案件中

298　《漢書·韓延壽傳》；《尹翁歸傳》。

299　《漢書·尹翁歸傳》。

300　《漢書·蕭望之傳》。

301　J. Wacher, The Roman World. Vol. I. London and New York.P. 426.

302　《漢書·于定國傳》。

303　張晉藩、熊鐵基：《中國政治制度史》，中國政法大學出版社1987年版，第227頁。

304　《漢書·刑法志》。

305　安作璋、熊鐵基：《秦漢官制史稿》，下卷，第66頁。

306　A. Lintott, Imperium: Politics and Adminstration, P. 55.

307　M. Cary and H. H. Scullard, A History of Rome, 1979. P. 175.

的作用類似羅馬行政官員，可以受理或拒絕案子；受理案件後，確定案子的性質，然後交給某法官或某些法官處理。值得注意的是，羅馬承認並保持當地城市原有的法律和司法系統。在一些「自由」城市，當地司法權的獨立性在羅馬元老院法令中有特別規定，另外，涉及當地非羅馬公民的案件一般由當地法庭審理，並可使用自己的法律。[308]即使當地羅馬公民也要遵守當地的法律。[309]

第四，都有軍事權。太守掌握本郡兵權。儘管太守之下另設負責軍事的郡尉（都尉），但郡尉只是郡守掌軍方面的助手，太守才是指揮軍隊的主將，有「郡將」之稱。[310]另一方面，太守雖有主兵之權，但不能任意發兵，只有取得皇帝頒發發兵用的銅虎符或其他信符（竹使符、節、羽檄、璽書）後才能調用郡中之兵。[311]無符擅自發兵，就算謀反，是要治罪的。[312]行省總督也掌行省兵權，並且有發兵、領兵之權，是當地羅馬駐軍的最高統帥。

第五，都有維持地方安寧秩序的權力，如果以現代名詞稱，當屬員警權的作用。太守對郡中盜賊或武裝暴動，要進行武力緝捕和鎮壓。[313]邊郡友誼賽則以與來犯之敵作戰為要務。總督也以保持行省和平、抵禦外敵入侵為要務，包括鎮壓土匪叛亂和對付海盜襲擾等。[314]

第六，都有自設條教權。太守可以根據本郡的實際情況，因地帛宜，自設條教，如勸課農桑、整飭民法、舉辦地方教育等。《漢書‧循吏傳》中多見太守勸農桑、賑災荒、力行教化、興辦地方學校的例

---

308 A. Lintott, Imperium Romanum, 1993. P. 155.

309 R. K. Sherk, Rome and the Greek East to the Death of AugustusCambridge, 1984.P.138-9.

310 施丁：《秦漢郡守兼掌軍事略說》，載《文史》第十三輯，第61頁。

311 謝鐵基：《秦漢軍事制度史》，廣西出版社1990年版，第93頁。

312 《漢書‧高祖本紀》；《高惠高后文功臣表》。

313 《漢書‧尹翁歸傳》。

314 J. Richardson, Roman Provincial Administrotion, P. 32.

子。[315]總督一到行省，都要發布自己的敕令（edict），規定其將在行省使用的司法和行政管理辦法（本文第二部分中已有介紹，此不贅述）。

　　從以上六點來看，太守、總督作為地方上最高行政長官，權力都是相當大的，但這只是問題的一個方面。太守與總督最明顯的不同在於，漢代太守處於朝廷較有效地監督和控制之下，地方設有監督區。一般要接受丞相、御史大夫的考課和監察，還要受州刺史的直接監督。較健全和嚴密的監督與考課機制使郡守不敢欺騙和違抗中央朝廷，並使地方隨時處於朝廷控制之下，特別是兵權實際是集中在皇帝手中，故郡守雖專利一方，而朝廷則無強藩之懼。秦漢的統一，是跟專制主義中央集權制度結合在一起的。專制主義中央集權是以皇帝為核心的政治制度。皇帝擁有至高無上的權力，並通過郡縣制把地方權力集中到中央，以鞏固國家的統一。統一、專制、集權三者的結合，強化了帝國的國家職能，秦漢時期政治上、經濟上、文化上的盛衰消長，都同國家職能的發揮有著直接的關係。行省總督則不然，總督任內不受約束，根本動不了，且權力相當大（往往以軍事權為基礎），這樣，一方面造成行省吏治敗壞，百姓苦不堪言，另一方面，野心家常以行省為基地，構成對中央的危害。共和末期，凱撒即以高盧行省作為基地，開疆拓土，招兵買馬，增加實力與威信，為最後奪取權力提供了便利條件。

---

315 例如渤海太守龔遂、蜀郡太守文翁、潁川太守黃霸。

五 本與末
——古代中國與古代希臘農工商業觀念的比較研究

（一）問題的由來

「本」和「末」原指事物的根本和支末，由於戰國以來逐漸形成了以農為本，以工商為末的傳統觀念，「本」與「末」遂成為中國經濟思想史中的特定範疇，一般說來，「本」泛指農業，「末」泛指工商業。古代希臘雖然沒有與中國相對應的「本」、「末」範疇，但也存在重農輕工商的思想觀念。

中國古代的「重農抑商」問題是本世紀以來中國學術界討論最多的史學課題之一，學術界在傳統上認為這種思想觀念在相當長的歷史時期裡占據統治地位，並且嚴重地阻礙了生產力的發展和中國的近代化歷程。近年來，隨著研究的深入，出現了一些新的看法。首先，在「重農抑商」的性質和評價問題上，有些學者對傳統上占統治地位的「總體否定說」提出了質疑，認為不能完全用現代的眼光來看待工商業在古代的作用，「重農抑商」的思想和政策在當時的歷史條件下，尤其是封建社會前期，具有一定的必然性與合理性；第二，傳統上認為「重農抑商」問題為古代中國所獨有的看法被突破，學者們通過比較研究，在把這個問題放入世界歷史的大範圍裡進行考察之後，認識到「重農抑商」並非為中國古代所獨有，而是一種在所有前資本主義的傳統農業社會中（包括古代希臘）某種程度上曾經普遍存在的經濟現象。

無獨有偶，與中國學者關於重農抑商問題的討論幾乎同步進行的是西方學術界關於古代希臘羅馬的經濟屬性的論爭，其爭論的中心問題是古代希臘是農業文明還是工商業文明。大致說來，在本世紀六十

年代以前，「工商業文明說」占統治地位，六十年代以後，「農業文明說」則逐漸成為大多數學者的共識。[316]

　　縱觀中西學界關於這兩大史學課題的論爭，雖然論題不盡相同，但其中的聯繫是不容否認的，那就是在論爭的起點上都或多或少地犯了「古史現代化」的毛病，即完全用現代人的眼光來解釋和評判古代人的經濟生活。更令人深思的是，對於中國學者來說，這兩大論爭還存在著某種內在的必然聯繫。黃洋在《希臘城邦社會的農業特徵》一文中指出：「在這些傳統觀點（即古希臘是工商業文明，——引者注）的背後隱藏著一個更為深刻的現實原因，即國內學者往往有意識地或下意識地將中國古代文明與西方文明乃至古希臘文明相比，由這兩大文明的現代特徵入手，由今而古，想當然地推出一個對立的結論，即現代中國經濟的欠發達應歸咎於古代中國的農業特徵，而現代西方文明的工商業特徵則起始於它的根源，即古希臘文明。但事實上這個結論的主要依據並不是對古希臘社會所進行的歷史考察。實際上，希臘城邦同古代中國社會一樣，是一個以農業而不是工商業為特徵的社會。」[317]

　　正是在上述意義上，中西兩大論爭都直接或間接地涉及古人是如何看待和評價農工商業及其相互關係的問題，即「本」與「末」的問

---

316 關於這一論爭的產生和發展過程，詳見郭小凌：《是工商業文明，還是農業文明——古希臘史問題淺論》，載《史學論衡》，北京師範大學出版社，1991年4月第1版，文中還進一步指出，對於古希臘的工商業，「誇大它的功效固然不妥，低估它的作用也有悖史實。在這方面，芬利等人的看法也有過份之處。事實上，自人類進入文明階段，純粹的自給自足的自然經濟便不復存在，相互依存的農工商混合經濟便永久性地產生出來。」筆者認為這一論述是有道理的。另外，晏紹祥在其近著《古典歷史研究史》中對西方學界一百多年來對這個問題的論證也有詳細的述評，並介紹了一些國外最新的相關研究成果和研究趨向。因此，如何在農業文明的大前提下研究工商業在古希臘社會生活中的作用和地位仍然十分必要。

317 黃洋：《希臘城邦社會的農業特徵》，《歷史研究》1996年第4期。

題。這就為對這一思想進行歷史的比較研究提供了可能性和必要性。

作為一種經濟思想，其產生一方面與當時的社會經濟狀況存在著必然的聯繫，是當時人們所面臨的經濟問題在思想上的反映，另一方面，在這種思想的背後也隱含著思想的闡發者們對人與人之間的關係乃至人的本性的思考，成為其「本」、「末」觀念的理論基礎。因此，深入挖掘這些背後的原因對於我們認識和理解這一觀念是十分重要的。

本文著重探討「本」、「末」思想的起源問題，主要包括兩方面的內容：第一，描述「本」、「末」思想在中希歷史上的起源過程並分析其思想內涵；第二，挖掘其所以產生的經濟、社會和思想根源。因此，本文僅涉及「本」、「末」思想在中國和希臘產生的時代，其時間範圍大致設定在西元前八到西元前三世紀之間，時段上大體相當於中國的春秋戰國時代和希臘的古風時代到古典時代，考察的對象包括這一時期出現的主要學派和思想家。

（二）「本」、「末」思想產生的經濟與社會背景

因為任何一種思想的產生，尤其是與現實生活聯繫十分緊密的經濟觀念和思想，都是與當時人們所處的生活環境直接相關的。我們首先回顧一下中國的春秋戰國時代和希臘的古風到古典時代的經濟發展情況。

首先，西元前八到三世紀的中國和希臘都處在一個古代經濟迅速發展的時期，與前一個歷史階段相比，中國和希臘在農業、手工業和商業以及城市的發展上都有不同程度的提高。這主要表現為新的生產技術（主要是鐵製生產工具和牛耕技術的出現）推動了農業的發展，鐵制生產工具的出現和農業產量的提高又為手工業的發展和商業的繁榮創造了必不可少的條件，最後，農工商業又帶動了真正意義上的城

市的湧現和城市經濟的繁榮。這些發展一方面極大地豐富了人們的物質生活，另一方面，新的社會生活條件和環境也在深刻地改變著人們固有的思想觀念和生活方式，種種社會問題應運而生。關於「本」與「末」的問題的思考正是人們對農工商業的發展及其不平衡性所帶來的一些問題的回應。因此，經濟的發展無疑是「本」、「末」思想得以產生的最根本的動因。下面我們就與這種思想直接相關的幾個關鍵的環節做一些說明。

從考古發掘上看，至少在春秋的早期，人工冶鐵就已出現，不過以武器為主。到了中晚期，品種大增，尤其是鐵製農具和工具的數量有了明顯的增長，分布的範圍也已經相當廣泛。[318]到了戰國時代，一方面，文獻中關於鐵製工具的記載大為增多，另一方面，考古發掘出土的戰國時代的鐵器不論在數量、品種還是分布區域上比春秋時代又有了較大幅度的提高，這說明在當時鐵器在人們的生產和生活中已經得到了普遍的應用。鐵器的製造和使用極大了提高了生產力，使大面積的農業開墾成為可能，隨著糧食產量的提高，又帶動了包括手工業者和商人在內的非農業人口數量的增加。

商品交換經濟發展的直接表現之一就是在中國歷史上私人工商業者第一次打破「工商食官」的束縛脫穎而出，在政治、經濟和社會等領域顯示出不容忽視的影響。商品交換經濟在這一時期卻是出現了中國歷史上第一次全面的大發展。這表現在以下幾個方面：

第一，私有制和商品化程度的提高。商品交換經濟發展的條件日益成熟，商品交換意識開始無孔不入地滲入到社會生活的方方面面，比如土地的買賣，說明了不動產的商品化；奴隸的買賣，雇用勞動的出現，娼妓制盛行，說明了勞動力的商品化；私學的興起，醫藥、卜

---

318 顧德融、朱順龍：《春秋史》，上海人民出版社2001年版，第165-169頁。

筮行業的出現，說明了知識的商品化。商品化程度的提高甚至還體現在政治領域，那就是買賣官爵的現象。

第二，工商業者社會地位的提高和富商巨賈的出現。在《左傳・昭公十年》中記載，人有十等，但是沒有提到工商，原因是他們即不為人所臣，亦不臣他人，在宗法制社會中是一個不入流的階層，沒有什麼社會地位可言。到了春秋以後，隨著商品交換經濟的發展，尤其是私人工商業者的日益增多，一些本地的氏族公社成員，甚至一些破落的低級貴族，開始加入工商業者的行列，這種狀況開始發生改變，工商業者的地位提高，進入了「四民」（即士農工商）的行列。與此同時，財富的集中是商品交換發展的一個必然結果。這一時期，在中國歷史上出現了第一批有名有姓、財富可觀的私人工商業者，司馬遷專門為他們寫了《貨殖列傳》，記下了他們的活動和成就。他們不僅通過經商而致富，而且還在國家的政治生活中發生了前所未有的影響，這樣，在從前的依靠血統獲取政治權利的「貴貴」之外，又加入了一種新的因素，即「貴富」，與另一種新的因素，即依靠學識而參與政治權力的「貴賢」相互結合，衝擊著舊有的社會結構和價值體系。

第三，市場的繁榮和真正意義上的城市的出現。在形成於這一時代的《考工記》中，市場第一次被當作城市不可缺少的四個核心要素之一列入到了城市規劃當中，在戰國時代，甚至還出現了以市場為城市中心的建設思想，比如《市法》中講：「市必居邑之中。」這體現了市場地位的提高，是對春秋戰國以前的政治中心的城市建設觀念的第一次衝擊。

下面我們再簡要地回顧一下同時期的古代希臘的經濟和社會發展情況。希臘的古風和古典時期（西元前8-4世紀）是與中國的春秋戰國（西元前8-3世紀）大體相當的一個時代，這種對應性不僅僅在於時段上的接近，更重要的是，兩者在社會發展階段和時代特徵上也存

在諸多相似性。

　　首先，與愛琴文明時代相比，荷馬時代經歷了一次經濟的全面衰退過程。從古風時代開始，希臘的農業生產開始復蘇，與中國的情形類似的是，鐵器與牛耕的使用也起到了十分關鍵的作用。古風時代希臘境內發生的比較引人注目的是希臘人的殖民活動，殖民城邦如雨後春筍一般在地中海東岸的一個十分廣闊的區域內出現，正是在這個過程中，希臘城邦制度逐步形成。與此同時，荷馬時代中斷的海外交通和商路不但開始一一恢復，而且外貿活動業日益頻繁，為古典時代的商業繁榮做好了準備。

　　另外，我們看到，由於希臘境內多山、多石、多島嶼的地理環境，使得希臘文明從一開始就面臨著農業生產條件相對惡劣的嚴峻挑戰，大力種植經濟作物（如葡萄和橄欖），發展工商業和海外貿易是補充糧食生長不足的一條重要出路，這是希臘文明不同於古代的東方文明呈現出較大的工商業成分的根本原因，也是希臘農業經濟發展的特色。

　　古風時代有關希臘經濟狀況的記載十分有限，到了古典時代，記述越來越豐富，透過那一時代的詩人、歷史學家、戲劇家、哲學家的作品，我們看到，與春秋戰國時代的中國相似，希臘的農工商業也出現了前所未有的繁榮。在色諾分的《經濟論》中，可以知道當時的農人們已經掌握了施肥、培土等技術，並且對土壤、植被等方面有了較為系統的知識。雅典人的日常商品交換活動在「阿哥拉」（Agora）上進行，這裡不僅是商業場所，還是公民們進行政治集會、宣講政治觀點和討論國家大事的地方。

　　阿里斯托芬的喜劇經常以雅典的市場為場景，市場上的商品琳琅滿目，不僅有本地的特產，還有其他城邦甚至希臘境外運來的各種奢侈品和罕見商品，比雷埃佛斯和雅典的市場上，還出現了專門的貨幣

兌換商，稱為「坐在桌邊的人」，他們按照一定的比例進行本邦和外邦錢幣的兌換業務，同時一般也兼營高利貸，有人稱他們為歷史上最早的銀行家。進入到古典時代，雅典在原有的大面額貨幣的基礎上，出現了小面額的銅幣，這為小商品的交換和發展提供了便利，並且從一個側面說明了雅典商品經濟的發達。這些也說明，普通公民的市場參與度和依賴性也日益增加。

與中國的情況相似，在這一時期，希臘的私有制和商品化程度也有了進一步的加深。土地抵押和買賣，奴隸市場的繁榮，服務業的興盛，娼妓制的流行，以及以出賣知識為業的智者的出現，種種情況表明，商品經濟和商品意識已經有了相當程度的發展。

總之，不論是春秋戰國時代的中國，還是古風到古典時代的希臘，都經歷了一個農工商業加速發展，並出現空前繁榮的局面的過程，尤其是工商業活動比前一個歷史時期（即春秋戰國之於西周，古風和古典時代之於荷馬時代）有了突破性的進展，這成為中國和希臘的「本」、「末」思想得以產生的最根本的動因。

這是一個追名逐利的時代。歷史發展的辯證法告訴我們，任何社會的進步都要付出代價，尤其是在這樣一個經濟、政治和社會的急劇轉型的時期，人們發現，在獲得了盼望已久的自由和財富的同時，也正在悄然地失去一些更加重要的東西，作為人的生活準則的古老的倫理依託開始變得荒謬和可笑，精神和心理上的平衡被打破，種種新的社會問題接踵而至，唯利是圖，貧富分化，人情冷漠，經濟利益的追求與倫理道德的原則從來沒有像今天那樣處於一種緊張的衝突狀態當中。在這種情況下，社會中的有識之士認識到，要麼對傳統的道德觀念進行徹底的改造，要麼根據現實的需要創造出一種全新的道德標準，除此之外別無他途。面對道德與利益的緊張，思想家們紛紛從自己的角度出發提出救世的良方。

(三) 各家學派「本」、「末」思想傾向及其理論基礎述要

在西元前八到三世紀的中國和希臘，農工商業及其相互的關係是一個得到了普遍關注的話題，這方面的資料異常豐富，同時，又是眾說紛紜、莫衷一是，思想家們紛紛從自己的角度對這個問題進行了全方位的思考和評判。在這裡需要說明的是，由於篇幅所限，下文僅就中國先秦和希臘古典時代有代表性的主要學派和思想家在「本」、「末」思想上的主要傾向及其理論基礎做一些概括性的評述和比較。

在古代中國，從戰國時代開始，「本」和「末」成為泛指農業和工商業的專用術語，這兩個字本身就蘊含著對農工商業及其相互關係的基本認識，具有豐富的思想內涵，先秦各家學派無不認為農業是「本」業，手工業和商業是「末」業，但是在重視「本」業的同時如何對待「末」業的問題上，各家則存在著較大的差別。從總的傾向看，儒家對「末」業採取了比較寬容的態度，不但不反對私商的貨殖行為，而且在一定程度上允許奢侈品的生產和流通，但對於「末」業中的有悖於禮義規範的行為表示反對。墨家對「末」業的看法與儒家接近，只是極力反對「末」業中的奢侈品的生產和流通。與儒、墨相比，道家和法家對「末」業則採取了十分嚴厲的態度，二者不僅極力否定「末」業本身存在的合理性，而且還有把「末」業擴大到「本」業以外的所有行業而一概加以拒斥的傾向。因此，在「本」、「末」思想上，大致可以分為儒墨和道法兩派，兩派在「末」業上的分歧主要在對社會分工的不同態度上，儒墨兩家肯定社會分工的必然性和必要性，而道法兩家則主張回到尚未出現分工的純粹自然經濟的社會狀態，但兩家在實現這一目標所使用的方法上是完全不同的，其中道家在目標和手段上存在著深刻的矛盾。

在古代希臘，雖然沒有產生與中國類似的「本」和「末」的概

念，但從古風時代晚期開始，也出現了許多關於農業和工商業及其相互關係的思考，這一時期的希臘思想家無不認為農業是國家的「本」業，手工業和商業是「末」業，在這一基本觀念上與中國先秦各派別無二致。同樣，希臘的這些思想家和改革者在對待「末」業的問題上也存在著不小的分歧。其中，梭倫和色諾芬注意到了「末」業對「本」業的補充和促進作用，因而主張在一定程度上發展「末」業，二者對「末」業的批評僅限於倫理道德的層面。柏拉圖和亞里斯多德在肯定「末」業中的具有自足性質的部分的同時，極力反對「末」業中具有營利性質的部分在這一點上，柏拉圖比亞里斯多德走得更遠一些，阿里斯托芬反對「末」業中的一切有害於「本」業的因素，在「本」、「末」思想上於柏拉圖和亞里斯多德接近。來庫古則通過立法幾乎取消了一切「末」業，與色諾芬形成了「本」、「末」思想上的兩個極端。

我們看到，在西元前六到西元前三世紀，在古代中國和古代希臘幾乎同時出現了農「本」工商「末」的一種經濟思想，兩種文明中的思想家或改革者都不約而同地主張在重視「本」業的同時在不同程度上對「末」業加以限制，在對待「末」業的態度上都可以大體上分為比較寬容和相對嚴厲的兩種傾向。那麼，該如何解釋這種現象呢？

一切思想的產生從根本上都離不開社會經濟基礎，都是它所賴以產生的社會經濟基礎的某種反映，筆者認為，「本」、「末」思想產生的根本原因還是在於這一時期中希兩種文明出現的十分相似的社會經濟狀況，那就是，一方面，自己自足的農業經濟仍然牢牢地占據主導地位，另一方面，手工業和商業在歷史上第一次有了很大的發展，後者作為這一時代的新鮮事物對前者發生著正面或負面的影響，正是這一社會現實刺激了有識之士從各種角度對農工商業及其相互關係加以思考，從而導致了「本」、「末」思想的產生。所以，社會的自然經濟

基礎和工商業的大發展無疑是「本」、「末」思想得以出現的最為根本的動因。

同時，我們也應該看到，某種思想，尤其是經濟思想的產生並不是孤立的，在某種經濟觀點或經濟政策的背後無不蘊藏著思想者對人與人之間關係的倫理學認識乃至對人性本身的哲學思考，而且，某種思想一旦產生，就具有了相對的獨立性，這種思想與思想者的其他方面的思想就會存在一種有機而內在的邏輯關係和必然聯繫，尤其在古代，一個思想家的政治、經濟、倫理和哲學思想往往是混同在一起的，不論中國還是希臘的古代思想家都具有這個特點。因此，如果能找出這種內在聯繫，必然會加深我們對這種思想的了解和認識，下面我們就沿著這樣一條思路，對「本」、「末」思想背後的倫理學依據和哲學根源作一些嘗試性的探討。

農工商業是一種體現了社會分工的職業劃分，三者都與人們的日常生活息息相關，而且，都以獲得某種經濟上的利益為目的，所不同的是，農業主要是靠天吃飯，從自然界獲取利益，而工商業則是靠人吃飯，從他人那裡獲取利益，所以「本」、「末」思想在實質上不過是人們對如何分配和處理社會利益的一種認識，而中國先秦思想家們關於「義」、「利」及其相互關係的探討正是這種認識的集中體現，大約與此同時，古代希臘的思想家也正在討論「正義」（justice）與「利益」（interest）的問題，並表現出與中國的「義」、「利」之辯大致相同的理路。

在本文所涉及的中國的四家學派中，從對「義」、「利」的基本態度來看可以分為兩派，一派包括儒、墨和法三家，其共同的特點是在承認人的求利行為之現實性與合理性的前提下，主張制定出某種確定的社會規範和標準來加以規範；另一派只有道家，既否認人的除自然需要之外的求利行為，更反對用一種人為的標準來加以約束，一切均

以自然為度。在前一派中,儒家與法家的「義」、「利」觀存在著尖銳的對立,這種對立表現在兩個方面:第一,在如何使人的求「利」行為符合「義」的要求的問題上,儒家倡導自律,主張通過人們的道德品質的培養和精神境界的提高,而法家則力主他律,主張用嚴刑峻法行必然之政。第二,在社會利益的分配上,儒家之「義」政要求統治者愛民利民,不與民爭利,同時肯定「利」中之等級和差別的存在,以達到「利者,義之和」的最佳狀態;法家則主張君主應牢牢地掌握住「利」之來源,並盡力消除「利」中存在的一切差別,[319]而追求「利出一空」的理想境界。墨家在「義、利」觀上介於儒、法之間,在其「兼相愛、交相利」的主張中,他所提倡的人與人之間互利互愛以及為政者宜「興天下之利」的看法接近儒家,而力圖消除「愛」與「利」中的一切等差的觀念則傾向於法家。

在「正義」與「利益」及其相互關係的問題上,柏拉圖和亞里斯多德的看法比較接近,大體上可以概括為兩點:第一,對個人來說,「正義」是一種規範人與人之間的關係,尤其是利益關係的品德,當政者應該本著「正義者得利,不義者失利」的精神進行立法和執法。第二,對國家來說,城邦的「正義」則體現在社會利益分配上的公平,要達到這種公平就必須運用好兩種不同性質的「平等」的手段。[320]

可以看出,在「義」、「利」問題的探討上,古代中國的思想比希臘的相關思想更加豐富多彩,其中道家學派的「義」、「利」觀可謂獨

---

319 需要說明的是,法家的「利出一空」的政策並不否定等級差別的存在,如按軍功大小授予相應的爵位就包含著等差,只不過阻塞了其他達於富貴的道路,只剩下農戰一途,這是與儒家不同的地方。

320 即亞里斯多德所謂的「算術上的平等」和「幾何上的平等」,前者是一種「齊同」,後者則是一種「和同」。

樹一幟。在「義」與「利」的總體看法上，柏拉圖和亞里斯多德比較
接近儒家，即都認為「義」在很大程度上是在「利」的差別中體現出
來的，但柏拉圖和亞里斯多德都十分強調「法律」的外在約束，因而
又帶有強烈的法家色彩，西文中的「正義」（justice）一詞所具有的
「法律」的含義正說明了這一點，同時，我們也要看到，法家的君制
「利」源和「利出一空」的主張也是柏拉圖和亞里斯多德所沒有和極
力反對的，這種差異植根於中希兩者不同的政治制度。

　　那麼，「本」、「末」和「義」、「利」之間是一種什麼樣的關係呢？

　　如何看待社會利益的分配是「義利論」中的一個主要內容，從以
上的論述可以看出，關於這個問題存在著兩種傾向，一種以儒家為代
表，一方面主張不與民爭利，「因民之所利而利之，」而農工商業皆
為民利之來源，所以儒家並不反對正當的工商業，反而在一定程度上
提供便利；另一方面則主張「利」為「義之和」，也就是承認在
「利」的內容和「利」的分配上存在著不同的層次和各種等級差別，
只是要求這些差別要符合「義」的要求，從而達到一種整體和有機的
和諧，這樣一種「義」、「利」觀表現在經濟思想上就是提倡社會分
工，並肯定各行各業的收入可以在一定程度上存在差別，同時，其中
也蘊含著這樣的觀念，那就是，不論是農業，手工業，還是商業都可
以為社會創造財富，都承擔著一定的社會經濟職能，當然也就應該得
到屬於它們的一份利益和收入。所以，表現在對「本」、「末」問題的
看法上，自然也就相對寬容，只是對「末」業中有害於「本」業的因
素和有悖於「禮義」規範的內容有所限制。另一種傾向以法家為代
表，與儒家針鋒相對，一方面認為君主應該牢牢地掌握民「利」之來
源，另一方面，為了達到通過農戰而「王天下」的目的，只留下農戰
作為獲利的唯一途徑，即「利出一空」，於是否定了自然的社會分
工，手工業和商業，甚至以教化為業的學士也就都被列入了去除的名

單，與儒家相反，法家認為農民和戰士以外的這些從業人員都不為社會創造財富，而是不勞而獲的「寄食者」，當然也就不應該無功受「利」，這樣的一種「義」、「利」觀必然導致對農業以外的「末」業採取比較嚴厲的態度。

至於其他各家都介乎於儒法之間，在「本」、「末」思想上也就表現出各有偏向。這裡需要特別指出的是道家學派，從表面上看，道家與法家在「義利論」上的看法截然對立，道家既反對求利的行為，又否認存在一個確定的求利的標準「義」，而法家則把人的求利行為推向極致，並建立了一個絕對的求利標準「法」，但實際上，兩者所響往的理想狀態是一致的，那就是達到「利」之無差別的「同」一狀態，與「本」、「末」思想的情形一樣，在「義利論」上，道家與法家再次相反相承地走到了一起。

與先秦中國的諸家學派相似，柏拉圖和亞里斯多德對「正義」與「利益」的關係的認識也在相當大的程度上影響和塑造了他們對農工商業的看法。一方面，他們認為城邦起源於人們之間利益上的相互需求，因此，社會分工和交換經濟的產生和發展是一個自然的趨向，在這樣一個前提下，農工商業都有存在的必然性和合理性是不言而喻的，另一方面，他們又都主張要建立一種合理的利益交換和分配的道德、機制和秩序，這就是「正義」，以此來衡量農工商業中的求利行為，就有了不同層次的道德合理性，立法者應該據此制定出制約和調節人們的求利行為的法律，才能實現政治（和道德）上的正義和經濟上的公平的統一。

最後，我們還要看到，思想家們之所以在對待人們的利益關係上都表現出兩種不同的傾向，又與他們對人本身的認識──即人性論──是密不可分的。因此，從這個意義上講，各派思想家的人性論又間接地為「本」、「末」思想提供了一種哲學上的依據。

在中國，先秦各家學派都十分熱衷於關於人的本質，即人性問題的探討，從總的傾向上看，各家的人性論大致可以分為人性本善和人性本惡兩種截然相反的類型。其中性善論以孟子為代表，他認為人性中先天就存在著向善的潛能，人只要在後天悉心發掘和利用就能夠做到「人皆堯舜」；性惡論者則包括了儒家的荀子、墨家學派以及法家學派的商鞅和韓非，故而情況比較複雜。首先，他們都認為自私自利是人的本性，追求一己之私利是人性惡的根源，但是在性惡的程度上卻存在著較大的差異，表現出各家學派的不同特色。

荀子在主張性惡的同時，又認為人可以用「心」對「性」加以制約和改造而化性起偽，也就是說，人性雖惡，但能夠通過人為的努力成為善人。與荀子形成鮮明對比的是以商、韓為代表的法家的性惡論，其特點就是把人性之惡推向了極端，以至於在人性自身幾乎找不到絲毫的向善的資源，於是把一切轉惡為善的可能性全寄託在了君主運用手中的王權制定出無所不為的「法」來規定和制約人的行為上面，按照這種徹頭徹尾的性惡邏輯，君主也是人，當然同樣既無向善的可能也無向善的必要，因此，以惡制惡、以愚制愚的極端專制主義成為法家在治國策上的必然結論。墨子的性惡論介於荀子和法家之間，一方面反對儒家之「仁愛」，因為「仁愛」中包含著作為性惡之源的「私」的成份，由此造成了人間的紛爭和動亂，他提出以消除一切人我差別的「兼愛」代替「仁愛」，這樣也就失去了表現為「己」的愛的主體，因而「兼愛」無法在人性自身中找到依據，只能借助於外在於人的「天志」來完成這一使命，所以從這個角度看，墨子的人性論比荀子走得要遠，因為他幾乎排除了人能夠自律的可能，而把向善的希望寄託在層層選出的賢者和「天志」的外在約束上面。但是另一方面，在商鞅代表的法家看來，墨子的性惡論是不夠徹底的，因為墨子主張的「尚賢」仍舊含有「私」的成份，而且，墨子雖然在人性

中找不到善源,但作為人性之外化的「天志」還是代表了一種理性的權威,而商、韓之性惡說則極為徹底,既不依賴於天,又不依賴於人,君之法成為鉗制人性之惡的唯一途徑。

至於道家的人性論則顯得十分獨特,把人的自然本性視為人性的主要內容,因而也就無所謂善惡,並且把儒家所主張的「仁義禮智」和法家所倡導的君權和「法」治全看作人為的束縛和對人的自然本性的戕害而加以拒斥,道家認為,只有做到「少私寡欲」、「知足」和「重生」才能使人的自然本性保持得完好無損,從而恢復失去的自由。

與中國思想家喜歡籠統地把人性界定為「善」或「惡」不同,希臘思想家更傾向於對人性進行一分為二的分析。柏拉圖和亞里斯多德都認為,人由靈魂和肉體兩個部分所組成,其中靈魂又由理性的部分和無理性的部分組成,理性的部分高於無理性的部分,而無理性的部分應該受到理性的部分的指導和約束,哪一個部分占據了統治地位就決定了人的善惡。因此,在柏拉圖和亞里斯多德的人性論的結構中,既可以找到人之為善的依據(即理性的部分),又可以發現人之作惡的根源(即無理性的部分),這樣,就必然存在兩種去惡從善的途徑,一是通過知識的學習和道德的修養達到理性的自覺,使自身的理性部分足夠強大,從而迫使無理性的欲求合乎理性的要求,二是讓這些通過教育達到理性自覺的人為沒有達到理性自覺的人制定出合乎理性精神的法律,並通過遵循這些外在的法律使之內化為人的習慣。兩種途徑的結合使用就有可能實現「人皆堯舜」的理想。

最後,讓我們再回到本文的主題,看一看人性論與「本」、「末」思想的關係。

前面講到,在「本」、「末」思想上,儒家和法家形成了兩極,儒家對工商「末」業相對寬容,而法家則較為嚴厲,我們看到,在人性

的問題上，儒法兩家再次成為兩種主要傾向的代表，那麼，二者有沒有內在的聯繫呢？看來是有的。儒家傾向於性善（雖然荀子主張性惡，但並不否認人可以通過後天的努力而向善的可能），故而倡導自律，對人寄予了厚望；法家則力主性惡，因而主張絕對地他律，對人則充滿了絕望。這樣兩種對人的本質的認識和態度反映在經濟思想和政策上，就是儒家傾向於放任，[321] 法家則傾向於管制，兩家對於工商「末」業的不同態度正是這兩種傾向的寫照。柏拉圖和亞里斯多德主張人性中既有向善的一面，又有從惡的一面，故而在對待農工農工商業的問題上也就介於寬容與嚴厲、放任與官制之間。正如羅素所言，歷史上的哲學家大體可以分為兩類，即「希望加強社會約束的人與希望放鬆社會約束的人」，[322] 而在這兩種觀念的背後無不蘊涵著其對人的本質的思考和認識。

（四）餘論

《莊子・天下篇》云：

> 天下大亂，賢聖不明，道德不一，天下多得一察焉以自好。譬如耳目鼻口，皆有所明，不能相通。猶百家眾技也，皆有所長，時有所用。雖然，不該不遍，一曲之士也。判天地之美，析萬物之理。察古人之全，寡能備於天地之美，稱神明之容。是故內聖外王之道，暗而不明，鬱而不發，天下之人各為其所

321　臺灣學者侯家駒認為，「一般說來，儒家經濟思想近似自由經濟，法家經濟思想則接近統制經濟，」同時他還指出，「實際說來，孔、孟、荀(尤其是後者)的經濟思想，並非純粹自由經濟，而是有計劃性自由經濟意味。」筆者認為，這種說法具有一定道理。見侯著《中國經濟思想史》，中央文物供應社1982年版，第437頁、第12頁。

322　〔英〕羅素：《西方哲學史》，上卷，何兆武譯，商務印書館1963年版，第22頁。

> 欲焉以自為方。悲夫,百家往而不返,必不合矣!後世之學
> 者,不幸不見天地之純,古人之大體,道術將為天下裂。[323]

在對待「本」與「末」、「義」與「利」以及人性的問題上,我們所看到的正是一種「道術」隱、「方術」興的局面。這些相對立的觀念無時無刻不處在一種張力(tension)之中,既相互排斥,又互為依存,並處於此消彼長的變動之中。一方面正由於它們都偏於一曲,自是其是,故而不能見全貌,識大體;另一方面,也正因為它們都有所見,故而都有存在的理由。用荀子的話來說,即因為有所見,才會有所蔽(見《荀子・解蔽》),這一深刻的悖論正是黑格爾所極其推崇的斯賓諾莎的那句名言——「一切規定都是否定」(Omnis determinatio est negatio)——的含義之所在。[324]

當然,我們在這裡並非僅僅為了表明一種相當主義(relativism)的立場,我們更關心的是這些分歧與差異背後的相似性。通過考察,我們發現,從西元前八到世紀西元前三世紀,古代中國和希臘幾乎同時出現了一批偉大的思想家,他們開始對其所處的時代的自然與社會環境進行反思(Nachdenken),其中就包括了對人們的經濟生活所做出的種種思考和評判,從此,同為人類生活之必需的農工商業在人們的思想觀念中開始發生了某種偏向。在這裡,我們不禁要問,為什麼會出現這樣的整體相似性呢?

雅斯貝斯(Karl Jaspers, 1883-1969)把從西元前八百至二百年的這一歷史時期稱為「軸心時代」(Axial Age),因為在這一時期的中國、印度和希臘等地首次出現了很多哲學家,「這個時代的特點是,世

---

323 《莊子・天下》。

324 〔德〕黑格爾:《小邏輯》,賀麟譯,商務印書館1995年版,第203頁。

界上所有三個地區的人類都開始意識到整體的存在、自身和自身的限
度。人類體驗到世界的恐怖和自身的軟弱。他探詢根本性的問題」，
[325]三個地區幾乎同時地迎來了人類精神的覺醒，人類歷史因而實現了
一次突破性的進展，「這個時代產生了直至今天仍是我們思考範圍的
基本範疇，創立了人類仍賴以存活的世界宗教之源端。」[326]更令人驚
訝的並不僅僅是時間上的同步性，而是他們所思考的內容的相似性，
「軸心期是世界歷史水準上唯一一個相當於總體的普遍類似，而不單
單是特殊現象偶然的同時發生，」[327]至於為什麼會出現這種現象，雅
斯貝斯並沒有給出明確的答案。不過，他認為，與其說他們共同信奉
同一個真理，不如說他們關心同樣的問題，通向共同的目標，因此，
「為了使軸心期的真相真正具體化，為了把它們真正作為普遍歷史觀
的基礎，就要去掌握超出一切不同信仰的全人類的共有之物，」而
「將所有人結合在一起的不可能是啟示，而必定是經驗，」[328]也就是
說，正是因為他們在社會生產和生活實踐中所面對的是大致相同的困
擾，所以才會引發出十分相近的思考。

　　劉家和先生把「軸心時代」的中國、印度和希臘所共同具有的社
會歷史特徵總結為以下三點：

　　第一，鐵器的使用引起了社會經濟的新發展，包括農業的發展、
手工業和商業的繁榮以及城市的興起；

　　第二，約西元前八百年以後的世紀中，血緣關係在印度、希臘和
中國都經歷了一個削弱或解體的過程，在這一過程中，地域組織逐步
建立起來，不過，由於處於過渡階段，早期國家中常常都是血緣與地

325　〔德〕雅斯貝斯：《歷史的起源與目標》，魏楚雄、俞新天譯，第8頁。

326　〔德〕雅斯貝斯：《歷史的起源與目標》，魏楚雄、俞新天譯，第9頁。

327　〔德〕雅斯貝斯：《歷史的起源與目標》，魏楚雄、俞新天譯，第38頁。

328　〔德〕雅斯貝斯：《歷史的起源與目標》，魏楚雄、俞新天譯，第41頁。

域組織並存;

第三,西元前八世紀以後的幾個世紀中,在印度、希臘和中國都曾有小邦林立的狀態,存在著種種尖銳複雜的矛盾和鬥爭,這種矛盾和鬥爭具有兩個特點,一方面,「鬥爭正在進行之中,鹿死誰手尚未最後定局,不存在一個已經定於一尊的力量去控制和統治人們的思想,」另一方面,「各國的統治者和各種社會力量集團都企圖充分發揮自己的潛力並借助一切可為己用的因素去謀求勝利。」同時,「社會變動中的巨大而深刻的矛盾滲入人的心中,打破了先前的精神的穩定平衡狀態,變成了人不得不加以思考的內容。」[329]

我們看到,正是在這樣一種大背景下,在人們的經濟生活中出現了許多前所未有的新鮮事物,諸如獨立工商業的興起,私有制的產生以及由此而來的人的貪欲的無限擴張,「曾經為人們所信守的、似乎十分純樸可愛的傳統的東西,越來越變得荒謬和腐朽,從傳統中破土而出的新事物又往往顯得貪婪、卑鄙而無情」,[330]所有這些無不刺激著哲學家們對人與自然的關係、人與人的關係乃至人本身做出思考,他們紛紛從自身的角度為這個變動中的社會制定出新的行為準則與規範,「本末」問題就是他們所共同關心的問題之一,當然,他們討論的方式和得出的結論是千差萬別的。

---

329 劉家和:《論古代的人類精神覺醒》,載《古代中國與世界:一個古史研究者的思考》,武漢出版社1995年版,第578-583頁。

330 劉家和:《論古代的人類精神覺醒》,載《古代中國與世界:一個古史研究者的思考》,第582頁。

中華文化思想叢書 A0100047

中西古代歷史、史學與理論比較研究　上冊

作　　者　劉家和
版權策畫　李　鋒
責任編輯　林以邠

發 行 人　陳滿銘
總 經 理　梁錦興
總 編 輯　陳滿銘
副總編輯　張晏瑞
編 輯 所　萬卷樓圖書股份有限公司
排　　版　林曉敏
印　　刷　維中科技有限公司
封面設計　菩薩蠻數位文化有限公司

出　　版　昌明文化有限公司
桃園市龜山區中原街 32 號
電話 (02)23216565
發　　行　萬卷樓圖書股份有限公司
臺北市羅斯福路二段 41 號 6 樓之 3
電話 (02)23216565
傳真 (02)23218698
電郵 SERVICE@WANJUAN.COM.TW
大陸經銷
廈門外圖臺灣書店有限公司
　電郵 JKB188@188.COM

ISBN 978-986-496-090-3
2018 年 1 月初版
定價：新臺幣 360 元

如何購買本書：
1. 劃撥購書，請透過以下郵政劃撥帳號：
　帳號：15624015
　戶名：萬卷樓圖書股份有限公司
2. 轉帳購書，請透過以下帳戶
　合作金庫銀行　古亭分行
　戶名：萬卷樓圖書股份有限公司
　帳號：0877717092596
3. 網路購書，請透過萬卷樓網站
　網址 WWW.WANJUAN.COM.TW
大量購書，請直接聯繫我們，將有專人為您
服務。客服：(02)23216565 分機 610

如有缺頁、破損或裝訂錯誤，請寄回更換

國家圖書館出版品預行編目資料

中西古代歷史、史學與理論比較研究 / 劉家
和著. -- 初版. -- 桃園市：昌明文化出版；臺
北市：萬卷樓發行, 2018.01　冊 ；　公分. --
(中華文化思想叢書)

ISBN 978-986-496-090-3(上冊：平裝). --

1.史學　2.比較研究

601　　　　　　　　　　　　　　107001266

本著作物經廈門墨客知識產權代理有限公司代理，由北京師範大學出版社（集團）有
限公司授權萬卷樓圖書股份有限公司出版、發行中文繁體字版版權。